경산 사재동 선생의 생애와 학문세계

경산 사재동 선생의 생애와 학문 세계

김진영 · 심재복

보고사
BOGOSA

서문

　일대기 문학은 어느 시대를 막론하고 관심의 대상이다. 다른 사람의 일대기를 통해 재미를 느끼거나 새로운 정보를 얻을 수도 있고, 자신을 성찰하면서 미래를 예측하거나 새롭게 모색할 수도 있기 때문이다. 일대기를 다루는 전문학이 흥미성과 교훈성을 겸비하여 애독물이 될 수 있었던 이유도 여기에 있다. 특출한 생애와 업적 때문에 일대기로 다룰 만한 사람을 흔히 입지전적 인물이라 한다. 그런 점에서 경산 선생은 학자·문인으로서 입지전적인 인물이라 할 수 있다. 경산 선생은 일찍이 지헌영·김열규 등의 은사님에게서 배우고, 배운 것을 갈고닦아 자신만의 학문 세계를 구축하였다. 그렇게 구축된 학문 세계에 후학들을 들여 학문적인 일가를 이룰 수 있었다. 그런 점에서 《논어》의 첫머리에 나오는 배우고 익힌 학이시습지(學而時習之)와 멀리서 사람이 찾아오는 유붕자원방래(有朋自遠方來)를 이룬 셈이 되었다. 스승에게서 배우고, 스스로 책을 찾아 탐구했으며, 경향 각지의 학자들과 교유하면서 넓고 깊은 학문 세계를 마련했기 때문이다. 이 책에서는 그러한 선생의 생애와 학문 세계를 담고자 했다.
　제1부는 경산 사재동 선생의 생애를 실었다. 모두 여덟 장으로

나누어 선생의 일대기를 제시하였다. 1장은 일대기를 쓰기 전의 도입부에 해당하고, 2장부터 8장까지는 선생의 행적에 따른 일대기를 정리하였다. 2장에서는 구학문에 해당하는 한문을 서당에서 익힌 내력과 가족과 함께 옛날이야기와 고전소설을 즐기던 꿈 많던 유년 시절을 다루었다. 3장에서는 초등학교의 학업과 생활, 사범학교의 입학과 졸업까지의 과정, 그리고 초등학교 교사와 대학 생활을 겸했던 사정이 서사 되었다. 4장에서는 초등학교 교사를 사임하고 대학에서의 학업, 군역과 결혼, 그리고 중등학교 교사이면서 대학원생으로서의 삶을 다루었다. 5장에서는 대학의 전임교수로 임명되어 본격적으로 학문을 탐구하고, 학교에서의 보직과 학회에서의 역할, 교환교수로서의 활동 등을 다루었다. 그러는 중에 자식들의 성장과 사회적 진출이 확인되도록 했다. 6장에서는 대학에서의 임기를 마치고 자유로운 몸이 되어 학문 탐구에 매진하여 이룬 성과를 저술집으로 간행하고, 학회를 결성하거나 불교문화대학을 설립하여 활동한 내력을 담아냈다. 7장에서는 아내, 딸과의 사별에 따른 비극을 극복하고 오로지 학문에 정진하면서 저술 활동의 지속은 물론이고, 평생을 어렵게 모아온 만권 도서를 충남대학교에 기증한 사연을 담았다. 8장에서는 병마의 엄습에도 불구하고 학자적 자세를 굽히지 않고 저술 활동을 지속하는 한편으로 선생의 진여불변(眞如不變)하는 마음을 담고 있다. 이처럼 1부의 생애에서는 학자의 삶을 기준으로 선생의 출생과 성장, 도전과 성취의 전 과정을 갈등과 이완의 서사적인 기법으로 제시하였다.

　제2부는 경산 사재동 선생의 학문 세계를 실었다. 선생의 학문

세계는 넓고 깊어서 그것을 한자리에서 모두 살피기가 어렵다. 그래서 부득이하게 경산 선생이 그간에 간행한 저서의 서문을 모아서 학문 세계가 드러나도록 했다. 그간 경산 선생이 간행한 저서는 크게 세 부류로 나눌 수 있다. 문예저서, 전공저서, 전공편서가 그것이다. 첫째, 문예저서에서는 선생의 학문하는 도정에서 생기는 대소사와 아내를 포함하여 가정의 문제를 수필적인 글로 담아냈거니와 사찰탐방이나 불교문화교육과 관련된 내용 역시 수필적인 문예문으로 엮었다. 그리고 평생을 전공한 고전소설과 세종의 훈민정음 창제와 관련된 제반 사항을 현대 장편소설로 창작하기도 하였다. 문예저서를 통해서는 선생의 문인·작가로서의 위상이 확인되도록 했다. 둘째, 전공저서에서는 아주 폭넓은 선생의 학문 세계를 확인할 수 있다. 국문소설과 불교소설을 중심으로 한 서사문학, 희곡 및 연극과 관련된 공연문학, 문학의 유통과 전개를 바탕으로 한 문학사, 지역의 민속과 문학을 살핀 지역문화, 문화학과 예술론을 위시한 종합과학 등이 망라되어 있기 때문이다. 결국은 한국의 문학·예술·문화를 아우른 인문학 전반과 관련된 학문 세계가 짐작되도록 했다. 셋째, 전공편저에서는 공동작업을 통한 연구 성과에 역점을 두었다. 이것은 학연을 전제한 집단연구의 성과이기도 하다. 여기에서는 특정 문인 또는 작자의 생애와 문학세계를 살피거나 문학장르의 실상에 대한 연구, 그리고 문학사와 문화사의 통시성을 중시한 연구가 큰 비중을 차지한다. 게다가 한국문학과 문화의 국제적인 위상을 살피기도 하였다. 개별작가와 문학, 문학의 장르적 실상, 문학의 공시성과 통시성, 한국문학의 국제적 위상 등을 담은 전공편저가 선생의 학문 세계를 드러내고 있다.

 경산 선생은 생애를 통해 알 수 있듯이 학문하는 마음과 자세가 생의 중심을 이루고 있다. 이를 근간으로 가족사와 생활사가 수반되도록 했다. 그러한 삶의 결과 폭이 넓고 깊은 학문 세계를 구축할 수 있었다. 다양한 학문적인 성과가 그것을 웅변하고 있다. 이제 이러한 성과가 단절이 아니라 연속 나아가 영속되기를 바란다. 실제로 인문학은 단절이 아니라 통시적인 연속성이 중요하다. 그러한 만큼 경산 선생이 쌓은 문예 학술적인 성과가 인문학의 각 분야에서 두고두고 영향을 미치기를 바란다. 히말라야산맥에 걸린 타르초(風經)의 경문(經文)이 바람결에 날려 사람들에게 평안으로 스미듯이 경산 선생의 학문하는 자세와 학문적 성과가 시공을 초월하여 후속 세대에게 스며들기를 기대해 본다.

2025년 7월 1일

김진영 삼가 씀.

차례

서문 • 5

제1부 _ 경산 사재동 선생의 생애 • 13

  1. 도입 ··· 15
  2. 유년시절 서당에서 ··· 17
  3. 초등학교 선생님이 되고 싶어서 ·························· 24
  4. 중등학교 교사가 되어 ·· 62
  5. 대학교수가 되어 ·· 82
  6. 오직 사랑과 학문 ·· 92
  7. 그 비극을 극복하고 ·· 96
  8. 병마와 벗이 되어 ·· 100

제2부 _ 경산 사재동 선생의 학문 세계

  1. 문예저서의 서문과 학문 세계 ···························· 107
    1) 『당신과의 만남』 ·· 108
    2) 『학문과 문학의 만남』 ······································ 113

3) 『학문생활의 도정』 ·· 118
　　4) 『진실암을 찾아서』 ·· 120
　　5) 『심청황후』 ·· 124
　　6) 『연꽃으로 피어나리』 ·· 130
　　7) 『훈민정음』 ·· 132

2. 전공저서의 서문과 학문 세계 ·· 135
　　1) 『불교계 국문소설의 연구』 ····································· 136
　　2) 『불교계 서사문학의 연구』 ····································· 139
　　3) 『한국문학유통사의 연구』 Ⅰ～Ⅱ ······························ 141
　　4) 『한국문학의 장르론과 방법론』 ······························ 145
　　5) 『《월인석보》의 불교문화학적 연구』 ······················ 149
　　6) 『불교문화학의 새로운 전개』 ·································· 152
　　7) 『한국고전소설의 실상과 전개』 ······························ 155
　　8) 『한국공연예술의 희곡적 전개』 ······························ 159
　　9) 『백제권 충남지방의 민속과 문학』 ························ 163
　10) 『불교문화학의 새로운 과제』 ·································· 166
　11) 『훈민정음의 창제와 실용』 ····································· 169
　12) 『무령대왕과 백제불교문화사』 ······························· 172
　13) 『불교문학과 공연예술』 ·· 176
　14) 『한국의 고전과 공연예술』 ····································· 178
　15) 『한국의 제의와 희곡문학』 ····································· 181
　16) 『한국의 희곡과 시대 양상』 ···································· 184
　17) 『한국의 사찰과 불교문화의 전통』 ························ 187
　18) 『《삼국유사》의 문예 형상과 문학의 갈래, 그 연행 양상』 ········ 190
　19) 『한국문학의 외연과 인문학적 탐구』 ····················· 193

3. 전공편저의 서문과 학문 세계 195
   1) 『한국서사문학사의 연구』 I~V 196
   2) 『한국희곡문학사의 연구』 I~Ⅵ 198
   3) 『우란분재와 목련전승의 문화사』 204
   4) 『실크로드와 한국문화의 탐구』 206
   5) 『고전희곡의 새로운 탐구』 209
   6) 『불교문화연구』 212
   7) 『서포 김만중의 문학과 사상 그 문화사적 위상』 215
   8) 『충암 김정의 사상과 문학세계』 218

발문 • 221

제1부

경산 사재동 선생의 생애

1. 도입
2. 유년시절 서당에서
3. 초등학교 선생님이 되고 싶어서
4. 중등학교 교사가 되어
5. 대학교수가 되어
6. 오직 사랑과 학문
7. 그 비극을 극복하고
8. 병마와 벗이 되어

01

도입

경산 사재동 선생의 생애는 무척 단순하고 직선적이다. 선생은 학자·교육자로서 어려서부터 목적했던 대로 초등학교와 중학교·고등학교의 국어교사를 거쳐 대학교·대학원의 교수로서 교육에 열정을 바치면서, 학문에 열중하여 줄곧 업적을 남겼기 때문이다. 또한 초등교사를 안해로 맞아 5남매를 두어 다 성공시키고, 여러 제자를 길러 교사나 교수로 진출시키고, 많은 학자들과 친교를 맺어 교류하였다. 선생은 말년에 이렇게 회고하였다.

"나는 부모 덕분에 평생에 가르치고 공부하며, 처복이 있고, 자식 복·제자 복이 있고, 친구 복이 있어 평범하고 행복하게 살아 왔네."

겸하하고 후회 없는 일생이었다.

선생은 서당에서 대학원까지 학창시절이 가장 아름답고 의미 있게 추억된다면서, 그 학창시절만은 일화 중심으로 재미있게 쓰고, 나머지는 뻔한 것이니 간략히 써 달라고 당부하였다. 이렇게 선생이 건재하시고 소망하시니, 그 뜻에 따라, 그 학창시절만 자세히 쓰고 나머지 교사 시절과 교수 시절은 단계적으로 약술하겠다. 선생은 90여 세의 연세로 아직도 정정하시어 총기 있게 그 모든 사실을 정확하고 자세하게 알려 주었다. 단 연월일 개념은 포괄적이었다. 나아가 기술의 방법까지도 암시하여 도움이 되었다.

02

유년시절 서당에서

　경산 선생은 1935년 1월 25일, 충남 연기군 금남면 장재리 선암, 외갓집 동네에서 아버지 사영복 님과 어머니 안시단 님 사이에서 4남매 중 막내아들로 태어났다. 임신 중, 산월이 가까워, 어머니가 장질부사, 열병에 걸려 머리가 몽땅 빠지며 구사일생으로 겨우 살아났는데, 응당 낙태될 것이로되, 기적적으로 출생하여 화제가 되었다. '이 아이는 바보가 아니면 천재가 될 것이다.' 부모님의 사랑을 독차지하였고, 누님·형들도 모든 것을 양보하고 사랑해 주었다. 그래 2살이 넘어서면서 아버지를 제외하고는 안하무인, 무소불능이었다. 장난감이나 문방구, 간식, 식사 등에서 우선권을 가지고 마음대로 안 되면, 폭력적으로 쟁취하고 마구 울었다. 다행히 총기가 있어 말을 일찍 배우고 기억력이 뛰어나 형들을 따라 일본 말글을 배우고, 특히 옛날이야기를 좋아하며 잘 기억했다가 식구들에게 실감 나게 구연하여 박수와 함께 큰 칭찬을 받았다. 부모님은 '이 애는 결코 바보가 아니고 천재에 속한다'라고 하여 '울보 재동'이라고 불렀다. 출생 2년 뒤에 비로소 호적에 올리니, 돌림자 '東'을 기준으로, 호적

서기가 '在東'으로 써넣었다. 재동이는 순진하여 집안에서는 작은 왕처럼 굴지만, 나가서 인사를 잘하여 칭찬을 받았다. 심술궂은 어른이 재동이를 불러 앉히고 옛날이야기를 시키면, 신나게 잘하다가도 잘 안 되면 마구 울어 버리는 것이다. 부모님은 이런 점이 걱정이었다.

재동이는 7살까지 어머니 젖을 먹었다. 외가를 자주 드나들어 외할머니·할아버지의 사랑을 받던 재동이가 그 동네의 서당에 학동들이 드나드는 것을 보고, 서당에 보내달라고 어머니에게 졸랐다. 어머니는 다행이라 생각하고 친정아버지와 상의하고, 아버지 친구인 서당 선생님을 찾아갔다. 재동이는 이 선생님이 어려워 어머니의 치마폭에 얼굴을 반은 가리고 어렵게 인사를 드리고, 드디어 그 서당의 학동이 되었다. 선생님은 엄하면서도 자비로워, 스승은 아버지와 같다면서, 동학은 가장 친한 친구라고 말씀하여, 바로 그 스승을 존경하고, 그 학우들과 친하게 되었다. 외할아버지가 보시던 《이천자문》을 가지고 깜냥껏 배우고 그로부터 소리 내어 읽고 붓글씨로 써 보고 익혔다. 하학하기 전에 선생님이 시험을 쳤다. 그 책을 선생님께 바치고 그 앞에 돌아앉아 배울 부분을 외웠다. 선생님이 칠판에 쓴 한자를 읽고 뜻을 풀이해야 되었다. 또 선생님이 부르는 대로 그 한자를 칠판에 쓰고 뜻을 밝히었다. 여기에 재동이는 놀라운 재능을 보였다. 선생님이 놀라고 칭찬하였고 동학들도 놀라고 다시 보았다. 선생님은 그 재능을 시험하려고 그 학습 범위를 배로 늘려서 가르치고 시험하니 재동이는 칭찬에 고무되어 기대 이상의 천재성을 발휘하였다. 게다가 어른들을 존경하여 예의 바르고 착한 학동이었다. 스승과 제자가 경쟁이라도 하듯이 학습과 시험의 진도를 빠르게 하여 가장 빠른 시일 내에 그 책을 다 마쳤다. 한번은 선생님이 재동이가 겉넘을까 봐 한 방편을 썼다. 그 배운 한자 '學問'을 써 놓고

"재동이 읽어 보라."

"예. 학문입니다."

"아, 틀렸다."

"제가 왜 틀려요!"

큰소리로 대들며 털썩 주저앉아 엉엉 울었다.

"허허허, 그놈 참 맹랑하네."

선생님은 난처해하더니 기특하다는 듯이

"아니야. 재동아, 선생님이 잘 못 봤다. 네가 맞았다."

"정말 그래요! 하하하."

활발한 소년처럼 웃어댔다.

학동들이 모두 손뼉을 치며 웃었다.

"재동아, 그게 무슨 뜻인지 아느냐?"

"예. 배우고 묻고, 공부하는 거 아닌가요?"

"그래 그렇다. 세상의 진리를 크고 넓게 공부하고 연구하는 일이다. 너는 커서 학문하는 선비·학자가 되리로다."

선생님은 예언처럼 선언하였다.

이런 소문이 서당 안 식구들에게 들어가고 외갓집에까지 전해지고, 재주가 뛰어나 책을 빨리 떼었다는 소식이 부모님에게 전해져서, 어머니는 책거리로 떡을 하고 닭을 잡아 잔치처럼 선생님 앞에

바치고 학동들과 함께 먹었다. 그 외할아버지가 동참하여 선생님의 재동이 칭찬을 들었다. 이 말씀·대화를 듣는 재동이는 민감하게 반응하여 몸 둘 바를 모르고, 속으로 더욱 큰 격려를 받았다. 그러면서 한문에 대한 순진한 자신감까지 갖게 되었다.

　이로부터 재동이는 아예 외가에서 숙식하며 외할머니의 보살핌 속에 서당에 열심히 다녔다. 이런 가운데 두 가지를 즐겨 익히고 무척 좋아하였다. 첫째는 옛날이야기를 좋아하여 외할머니에게 많이 들었다. 그 잠을 재우려고 시작한 옛날이야기인데 재동이는 잠을 안자고 자꾸만 졸라서 그 이야기가 바닥이 나서야 섭섭하게 잠이 들었다. 그리하여 그 이야기를 다 기억하고 이제는 할머니에게 신나게 몸짓까지 해가며 재미있게 구연해 주는 것이다. 이에 놀란 외할머니가 이 사실을 외할아버지와 식구들에게 알려, 그 앞에서 재동이가 옛날이야기를 구연하여 모두가 손뼉을 치며 즐기고 칭찬하였다. '보통 놈이 아니다. 총기가 뛰어나고 말재주가 놀랍다.' 이 칭찬에 신이 난 재동이는 집으로 달려가 부모·형님·누님이 앉은 자리에서 그 옛날이야기를 실감 나게 구연하였다. 식구들이 모두 박수·대소하며 크게 기뻐하고 칭찬하였다. '이 놈이 한문에도 재능이 뛰어나다더니, 말재주까지 이리 능하니 무슨 일이라도 할 것이다. 잘 가르쳐야지.' 어머니의 희망이었다. 이에 신이 난 재동이는 집안 식구와 외가 식구들의 옛날이야기를 다 소화하고, 동네에서 이야기 잘한다는 할아버지·할머니와 아저씨·아주머니를 찾아, 어머니를 앞세워, 부끄러워하거나 어렵게 여기지 않고 적극적으로 면대하여 옛날이야기를 간청하였다. 어머니가 그 분위기를 만들면,

재동이가 먼저 재미있는 옛날이야기를 구연해 보인다. 여기에 놀라고 감탄한 그분들이 자동적으로 옛날이야기를 시작하였다. 재동이가 듣고 기뻐하고 장단 마추는 바람에 그 이야기보따리를 다 털어놓았다. 그리고 동네 사랑방에서 이야기판이 벌어지면 살그머니 들어가 뒤에 앉아 재미있게 들었다. 그러다가 들키면, 재동이는 옛날이야기를 구연하여 모두가 즐겁고 감탄하여 박수로 환영하였다. 이로부터 이야기판이 활성화되어 너도 나도 자발적으로 알고 있는 옛날이야기를 털어놓으니, 재동이는 이를 거의 다 기억하였다. 이로써 재동이는 어린 이야기꾼이 되어, 많은 이야기를 여러분 앞에 당당하게 구연할 수가 있었다. 이제 어른들이나 낯선 사람을 부끄러워하거나 어렵게 생각하지 않았다. 어머니는 큰 걱정을 하지 않고 자랑스럽게 여겼다.

둘째는 당시 특수한 여건 속에서 대단한 의욕을 가지고 고전소설, 딱지본을 통하여 여러 작품의 줄거리를 거의 완벽하게 기억하게 되었다. 외할아버지가 경객인 데다 고전소설 읽기를 잘해서 농한기 특히 겨울철에는 저녁에 할머니 친구들, 그 며느리, 딸들이 안방에 모여 그 소설 읽기를 청하였다. 그러면 할아버지는 이미 소장하고 있는 심청전·춘향전·흥부전·적벽대전 등을 초성 좋게, 비애조의 특출한 곡조에 맞추어 실감 나게 읽었다. 이에 그 여성분들은 울거나 웃으며 손뼉 치고 감격하면서 반응이 대단하였다. 이러한 감동·찬탄과 추임새에 할아버지는 매우 고무되어, 더욱 큰 소리로 감동적 곡조를 내어 신나게 읽었다. 이에 감수성 많은 재동이는 그 분위기에 젖어 밤늦도록 그것을 다 듣고 거의 다 기억하게 되었다. 집에 가서 식구들에게 제일 좋아하는 심청전을 이야기하니 모두 기뻐하며 칭찬하였다. 누님은 눈물까지 흘리고, 어머니는 함께 들은지라, 너무 신통하고 기특하여 눈물을 더 흘렸다. 다른 아이들에게 민망하여 돌아서서 앞치마로 눈물을 닦았다. 서당에 가서도 쉬는 시간에 동학들에게 심청전 이야기를 하면 모두가 감명이 깊어 시간 가는 줄을 몰랐다. 그럴 때마다 선생님이 소리쳐 불러서 학업을 시작하기도 하였다.

이러한 상황을 알고 있는 사모님이 할머니처럼 재동이를 아끼고, 어느 날 한가한 때에 안방으로 불러 그 소설 이야기를 시켰다. 그동안 심청전을 대강 알게 되어 이제는 흥부전을 이야기하니 정말 유창하게 잘하였다. 모두가 감탄하는 가운데 동년배의 손녀딸이 제일 기뻐하는 것 같았다.

어머니와 외가에 가니 외할아버지가 서당의 소식을 듣고

"재동이 잘 왔다. 고소설 이야기를 잘한다지. 이 할애비 앞에서 한번 해 봐라. 춘향전이다."

"예, 할아버지께서 읽으신 대로 이야기하겠습니다."

재동이는 신나게 막힘없이 요약해서 이야기했다. 어머니, 할머니, 외숙모 등이 다 감탄하니, 할아버지가 감격하여

"아니 정말로 나보다 더 잘하네. 아 이놈 장차 무엇이 되려고, 말재주가 이리 능한고. 아 에미야 이 애 잘 가르쳐라, 크게 될 놈이다!"

"예, 알겠습니다."

벌써 어머니는 다짐의 눈물을 흘리고 있었다. 이로써 어린 강담

사, 고소설 이야기꾼이 되었다.

그리고 친구들과는 잘 어울려 장난이나 여러 놀이를 그리 좋아하고 건강한 체력으로 항상 앞장서고 이끌었다. 친구들도 재동이를 좋아하고 따랐다. 모든 친구들을 다 좋아하니, 어느 날 친한 친구가 화내어 하는 말이

"야 재동아, 네 친구는 누구냐?"

"우선, 너 그리고 모든 친구들."

"그게 무슨 친구야!"

그는 큰소리로 불평이 대단하였다.

"야 영기야, 친구면 다 친해야지!"

그러고는 서로 말이 없었다.

재동이는 친구들을 좋아하였다. 한번은 많은 친구들을 데리고 와서 바로 뒷산 밤나무 밑에서 덜 익은 밤을 장대로 털어서 까먹다가 아버지한테 처음이자 마지막으로 종아리를 맞았다. 그리고 몇몇 또래의 친구들과 어울려 산에 칡뿌리를 캐 먹고, 진달래꽃을 따 먹고, 소나무 순을 잘라 겉껍질을 벗기고 속살을 긁어 먹기도 하였다. 때로는 새알이나 꿩알을 찾아서 구워 먹고, 안골 개울에서 가재와 중태기를 잡아서 쪄먹고, 논에서 우렁이나 방개, 개구리나 미꾸라지 등을 잡아서 구워 먹었다. 여름에는 둠벙이나 냇물, 금강물에 목욕을 즐기다가 위험한 일도 당하였고, 겨울에는 철사로 된 빨랫줄을 끊어다가 썰매를 만들고 발 스케이트를 만들어 타다가 얼음이 깨져 빠지기도 하여 어머니에게 심한 꾸중을 들었다. 그리고 한 번 크게 울면 그만이었다. 한시도 가만히 있지 않는 심한 개구쟁이였다.

03
초등학교 선생님이 되고 싶어서

재동이 8살이 되면서 학교에 관심을 가지게 되었다.

"재동이 정도면 학교에 가서, 일등도 하고 반장도 할 수 있어!"

당시 6학년이던 큰 형이 바람을 넣었기 때문이다. 원래 내년에 가려 했는데, 1년을 앞당겨 작은형과 함께 입학시험을 보았다. 보기 좋게 떨어졌다. 작은형은 합격하고 동네의 바보 같은 친구도 합격했는데 왜 내가 떨어졌지. 알고 보면 어리석게 긴장하여 시험실에 들어가 함정으로 차려 놓은 놀라운 물건에 눈이 팔려 순서를 잃고 얼쩡대다가

"너 이놈, 어리석은 놈 나가!"

라는 소리에 놀라서 쫓겨났던 것이다. 그리하여 낙방하고는 울기만 하였다. 어머니가 끌어안고 젖을 물리고

"재동아, 괜찮아. 네가 한 해 일찍 입학시험 봤잖아. 내년에 보면 돼!"

그러면 재동이는 더 서럽게 울었다.

"내가 학교만 가면 꼭 일등하고 반장 할 거야!"

"뚝!"

"알았어. 두고 봐, 엄마!"

어머니가 내준 푼돈으로 과자를 사 먹고, 기가 죽어 밖에 나가지 않았다.

얼마 만에 마음을 먹고 어머니 편에, 외가에 있는 《명심보감》을 끼고 재동이가 서당에 나타났다. 선생님과 그 식구들이 그를 보자마자

"재동이 너 학교 시험에 떨어졌다며! 너같이 총명한 재주꾼이 안 되면 누가 되니. 석균이 같은 애도 됐는데, 뭐가 잘못된 것 같다. 내년에 가면 돼!"

극진하게 위로 격려하였다. 차렷 자세로 굳어 서 있던 재동이 아무 말도 못 하고 삐죽거리다가 드디어 '으앙' 하고 황소 같은 울음을 터트리고, 책을 내던진 채 도망쳐서 뒷산 길로 달려가고 있었다. 모두가 난처하고 안타까워했다.

또래 선생님의 손녀가 얼마 만에 뒤를 따라가 보니, 산 중턱 바위에 앉아 울고 있었다.

"야 재동아, 그만 울어. 한 번 실수는 병가지상사래. 내년에 가면 되잖아."

"그래 알았어. 나 이제 학교에 가기만 하면 반드시 일등하고 반장하고 말 거야!"

"그래 재동이는 그리할 수 있어!"

누님같이 위로·격려하며 함께 내려왔다. 외가에서도 어찌 된 일인가 싶었다.

다음 해 봄에 재동이는 단단히 준비하여 입학시험을 보았다. 또 떨어졌다. 이게 웬일인가 싶다. 재동이 더욱 긴장하여 시험실에 들어가 시험관을 보고 잔뜩 두려움을 느끼고 묻는 말에 대답을 못 하고 우물거리자 시험관이

"아니 네가 잘하는 게 뭐냐?"

"옛날이야기입니다."

"그러면 일본말로 이야기해 보라."

재동이는 말문이 막혀 그대로 울어 버린 것이다.

그 다음 해 봄에 재동이는 10살이 되어 굳게 결심을 하고 입학시험을 치렀다. 또 떨어졌다. 거짓말 같았다. 정말 악몽이었다. 이번에도 너무 긴장한 나머지, 시험관이 무서워 쫄아서 대답을 잘못하고 당황하였다. 그 시험관이 얼굴을 기억하는 듯이 갸웃거리고는 또 물었다.

"그래, 네가 잘하는 것이 무어냐?"

"예. 심청전 같은 이야기책의 줄거리입니다."

"그러면 그 심청전을 일본말로 이야기해 보라."

"예. …"

재동이는 말문이 막혀 당황하다가 울고 나왔다는 것이다. 정말 말 못 할 악몽이었다. 이쯤 되면 문제였다. 아니 실제로 문제아가 되었다. 어머니 품에 안겨 통곡을 하며

"엄마, 난 바보야. 어떡하면 좋지?"

어머니도 위로할 말을 잃고 눈물을 흘리었었다. 그때 아버지가 들어오며 큰소리로 외쳤다.

"이놈아 울긴 왜 울어. 사내자식이. 제가 잘못해 놓고서, 언제까지 울보야! 이제부터 울지 마. 학교는 내년에 가도 돼. 그 대신 공부를 더 잘하면 되잖아. 작은형이 준 교과서 가지고 열심히 해!"

깜짝 놀란 재동이가 엄마 품에서 불끈 일어나 울음을 그치고
"예, 학교만 가면 일등하고 반장 할 거유!"

정말 하늘을 두고 가슴에 새기는 다짐이었다. 외가에서도 알고 작은 외숙이 찾아와 옛날이야기로 위로하고 격려하였다. 영리한 아이의 역경 어린 성공담이었다.

"재동이도 그만큼 재주가 뛰어나니까 지금은 어렵더라도 크게 성공할 거야!"

정말이지, 위안이 되고 큰 감동을 받았다. 울지 않고 눈물만 흘렸다. 어머니까지 위로를 받고 눈물을 닦고 있었다.

그 무렵에 부잣집 박씨네 사랑방에 유랑 광대패가 찾아와 공연을 한다고 연락이 왔다. 재동이는 눈이 번쩍 띄어, 어머니를 따라가 그 사랑방에 자리하였다. 광대패라 하여 중년 광대가 가야금을 타며 〈심청가〉를 소리하고, 그 늙은 장인이 북을 치고 추임새를 하며, 허술한 옷을 입은 어린 딸이 옆에 앉아 있었다. 심 봉사가 한성으로 맹인잔치 가는 대목이었다. 병창이었다. 〈심청전〉을 이미 아는지라, 그 청아한 가야금 소리와 변화무쌍한 그 초성이 어울려 처음 듣는 재동이는 제 설움에 겨워 너무도 감명이 깊었다. 가슴속 깊이 파고들었다. 잊지 못할 추억으로 남을 것이었다. 그러나 그것이 판소리인 줄은 모르고 있었다. 그 소녀의 어머니도 소리꾼이었는데,

얼마 전에 돌아가 그 소녀가 애처롭다는 것이다. 이 말을 듣고 재동이는 더욱 짠하여 공연히 눈물을 흘렸다.

이제는 서당도 그만두고, 학교 가는 두 형의 뒷모습을 보면서 안타까운 눈물을 흘렸다. 이를 악물고 다시금 다짐을 두었다.

'학교만 가면 반드시 일등을 하고 반장이 되리라!'

그리고 작은형이 물려준 1학년 교과서를 작년에 이어 계속 익히고 있었다. 그해 4월경이었다. 큰형이 급히 들어오면서

"엄마, 재동이 합격했어! 내일 모레부터 학교 가면 돼!"

"뭐라고? 재동이가 어떻게 합격해?"

"이제 입학시험이 폐지되고 이번에 떨어진 애들을 다 모아서 오후반으로 만든대요!"

재동이는 무슨 하늘의 소리인가 싶어 꿈만 같았다. 엄마 품에 안겨 눈물을 흘리다가 큰형에게 달려가 생전 처음 끌어안으면서

"큰형, 정말 고마워!"

억지로 울음을 참았다.

"재동아, 참 잘 됐다. 너 학교 가면 일등하고 반장 할 거야!"

"알았어, 형!"

드디어 재동이는 금남초등학교 1학년 오후반이 되었다. 담임선생님의 말씀은 하느님의 명령 같고, 가르치는 것은 다 아는 것이었다. 날개를 달고 신나게 뛰놀았다. 단연코 뛰어났다. 며칠을 살펴본 담임선생님이 재동이를 반장으로 임명하였다. 하늘을 날 것 같았다. 동학들과는 너무도 친했다. 떨어졌다 살아난 동지들과는 공감

대가 형성되었다. 한 학기가 지나 시험을 보니, 재동이가 전체 일등을 하였다. 학업우수상과 개근상을 탔다. 상장과 성적표를 들고 집에 와서 어머니에게 보이니, 아무 말 없이 가슴에 안고
"잘했다. 우리 아들!"
아버지는 그것을 보고
"그래 잘 됐다. 떨어진 것이 약이 되었구나! 허허허."
매우 기쁜 웃음이었다. 서당에 가서도 외가에 가서도 그리 자랑하니 매우 기뻐하며 한결같이
"일등하고 반장이라니, 그럴 줄 알았다. 그 떨어진 것이 약이 되었구나!"

그해 가을 운동회가 열리었다. 1학년 오후반은 교무실 앞에 서서 재미있게 구령하고 있었다. 마침 일본인 교장선생님이 나오다가 병아리 같은 학생들을 보고 너무 귀여운 나머지, 담임선생님에게 일본말로 물었다.
"이 중에서 제일 지혜로운 생도는 누구입니까?"
"예, 청수재동입니다."
즉시 일본말로 대답하였다.
"청수재동이 누구인가?"
"예, 제가 청수재동입니다."
겨우 알아듣고 당당하게 일본말로 대답하였다. 즉시 불러 세워 머리를 쓰다듬으며 물었다.
"장래 희망이 무엇인가?"

"국민학교 선생님입니다."

"응 그래, 정말 영리하게 생겼구나. 열심히 해라."

"예, 잘 하겠습니다."

재동이는 스스로 놀랐다. 어찌 그런 답이 나왔는지 꿈같았다. 하긴 집에서 동네서 '가난한 학생은 사범학교에 가서 국민학교 선생 노릇하는 것이 제일 좋다'는 말을 들은 데다, 타고난 성품·재능이 그랬나 보다 싶었다. 이로부터 그 선생님이 되겠다는 일념이 가슴 속 깊이 자리하였다.

재동이는 2학년이 되어서도 여전히 일등이고 반장이었다. 그런데 여름방학 어느 날 다듬잇돌을 베고 낮잠을 자다가 입이 돌아갔다. 재동이 얼떨결에 무덤덤한데 어머니와 누님은 발을 동동 구르며 눈물로 걱정하였다.

"이대로 굳어지면 이 애 인생은 끝나는 거여!"

서둘러 양의나 한의를 찾아가 치료했으나 낫지 않았다. 민간요법도 백방으로 써 보았지만 효력이 없었다. 집에서는 포기할 수밖에 없었다. 그럴수록 재동이의 시름은 깊어만 갔다.

'이대로 굳어지면 어떡하지! 선생님도 못 할 텐데….' 속으로 울고 또 울었다. 그 무렵 부모님이 장재리 아래 윗동네 중간 지점, 사거리에 집을 짓고 음식 장사를 할 때, 박의라는 돌팔이 의원이 찾아왔다. 그동안 가끔 찾아와 식사도 하고 숙박도 하고 인근 환자 치료도 했기에, 친하게 지냈다. 그리고 박의 자신도 항상 웃으며 친절하게 대하여 우리 형제도 사랑해 주었다. 어머니가 박의를 보자,

"아이고 박 의원님, 이 재동이 입이 돌아갔어요. 이것 좀 고쳐 주세유. 백방으로 노력해도 소용 없어유."

"그래 어디 보자."

"그래유. 잘 고쳐 주세유. 못 고치면 큰일 나유!"

재동의 말이 더 다급하였다. 얼굴을 만지고 맥을 짚고 이리저리 살피더니 빙그레 편안한 특유의 웃음을 지으며

"걱정들 마슈. 내 고치면 술이나 한턱 내슈. 우선 늙은 호박을 가져다 호박죽을 끓이시유."

박의가 당장 그 배낭에서 침구를 꺼내 가지고 재동이를 차려 자세로 세우고, 그 양손 끝이 닿는 허벅지에 침을 놓고 쑥찜질을 하였다.

"이제 다 됐다. 호박죽을 많이 먹고 여름이지만 이불을 덮고 땀을 내며 한숨 자라."

그리고 박의는 술 한잔을 마시고 남곡에 치료차 다녀오마고 떠났다.

재동이가 땀을 흘리며 실컷 자고 일어나 거울을 보고는 얼굴을 만지며 소리쳤다.

"엄마, 나 입 돌아왔어!"

식구들이 놀래어 나와 보니 정말 돌아왔다. 정상이다. 기적이다. 천운이다. 그때 마침 박의가 돌아왔다.

"나 다 돌아왔어유. 나았어유. 고마워유."

그 앞에 너푼 절을 하였다. 박의는 보살처럼 빙그레 웃었다.

재동이는 3학년에 올라가서도 1등을 하고 반장을 하였다. 그해 8월 15일 해방을 맞이하였다. 그래서 조국이 무엇이고 민족이 어떤 것인지를 가슴 깊이 새기고, 우리의 역사와 말과 글이 얼마나 소중한 것인가를 절감하였다.

훈민정음, 한글을 배우면서 얼마나 감동했는지 모른다. 속으로 울었다. 그때의 교재 《한글 첫걸음》을 처음부터 끝까지 다 외웠다. 학급 친구들이 다 알았다. 국어시간이었다. 급우들이 합창하듯이 선생님에게 소리쳤다.

"선생님, 재동이는 이 《한글 첫걸음》을 다 외워요!"
"그래? 그게 정말이냐? 재동아!"
"예, 다 외웁니다."
"그러면 재동이는 이 앞에 나와 외우고 너희들은 그 책을 보고 소리 없이 읽어 보자."

재동이가 나가서 소리 높여 외웠다. 한 자도 틀리지 않았다. 모두가 놀라고 감탄하였다. 선생님도 놀라고 칭찬하였다.

"역시 재동이로구나! 그래서 글짓기도 잘하지. 너희들도 노력해라."

바로 수업이 끝나는 종소리가 울렸다.

4학년 때도 재동이는 일등을 하고 반장까지 하였다. 급우들이 좋다고 했다. 담임 최 선생님이 여자반 담임 허 선생님과 연애를 하였다. 국어시간이면 선생님이 재동이에게 옛날이야기나 소설 이야기를 해 주라 하고 허 선생님을 만나러 갔다. 재동이도 좋아하고 급우들도 환성을 내었다. 재미있는 이야기 3편 정도면 1시간이 다 갔다. 아쉬워하며 다음을 기약하였다.

재동이는 5학년 때도 일등을 하고 반장을 맡았다. 급우들이 따랐다. 가끔 옛날이야기도 해 주고, 시험 때에는 모르는 것을 가르쳐 주고, 커닝도 시켜주기 때문이다. 그해 가을에 학예회가 있었다. 선생님이 소극적인 것 같았다.
"선생님, 우리는 무엇을 가지고 나가지요?"
"글쎄다. 재동이 네가 한번 생각해 봐라."
"예, 그러잖아도 교과서에 나오는 〈최영 장군〉을 연극으로 꾸며 가지고 나갔으면 했는데요!"
"그거 괜찮겠다. 네 마음대로 한번 해봐."
"예, 알겠습니다."
어쩐지 가슴이 두근거렸다. 열정 같은 것이 솟아올랐다. 급우들에게 그 사실을 알리니, 모두 박수하며 '해보자!'고 소리쳤다. 재동이는 〈최영 장군〉의 극본 형식을 대화체로 각색하고 배역을 임의로 결정하여 방과 후에 연습하였다. 그 주역 최영 역은 재동이 자신이었다. 사건 진행의 극적 상황이나 대화의 감정, 연기 등을 지도하였다. 나아가 분장·의상·소도구·무대 설정까지 친구들과 협력하여 공연에 최선을 다하였다. 모두가 즐기고 환영하여 박수를 쳤다. 담임선생님과 급우들이 다 흐뭇해하였다.

이 연극을 본 학급 친구가 자기가 읽었다며 《삼국유사 이야기》를 가져다 읽어 보라고 했다. 한번 읽기 시작하니 단군신화 등 건국신화와 스님들의 신이한 이야기 등이 얼마나 신기한지 밤새워 읽었다. 옛날이야기 이상이요, 고전소설 같았다. 그 이야기 줄거리를 거의 다 기억하게 되었다.

재동이는 6학년이 되어서도 여전히 일등을 하고 반장을 하였다. 이제 당연하다는 듯이 몸에 배었다. 우선 초등학교 선생님을 목표로 대전사범학교에 가겠다고 진학반에 들어가 수험공부에 열중하였다. 마침 비어 있는 교장 관사를 빌려 담임 임 선생님 부부가 상주하면서 수험생들을 특별히 가르치고 보살폈다. 방과 후 밤늦게까지 새벽에 일어나 시험문제를 가지고 공부하니, 선생님이 힘들 때는 재동이가 대신 설명하고 가르쳤다. 그럴 때마다 선생님이나 친구들이 잘한다고 박수를 쳤다.

재동이는 무리하여 병이 났다. 간질환으로 황달병이 왔다. 이 황달병이 깊어지면 흑달병이 되어 죽는다고 해서 서둘러 양의나 한의에게 치료를 받았지만, 효력이 없었다. 동네의 유식한 어른이 살펴보고는

"이 황달에는 미꾸라지곰이 제일이야!"

그래서 마침 장마철이라 두 형이 물고에 모여드는 미꾸라지를 한 물통 잡아다가, 어머니가 곰탕을 만들어 실컷 먹고 재동이는 깊은 잠에 들어 모처럼 실컷 잤다. 정말 거짓말같이 나았다. 그래도 결석은 하지 않았다.

6학년 남녀 전체가 갑사(甲寺)로 졸업 여행을 갔다. 장난을 치면서

걸어서 갔다. 그 절 앞의 계룡여관에 숙소를 정하고 짐을 풀었다. 저녁식사를 맛있게 하고 방에 함께 모여 오락회를 열었다. 인솔해 온 선생님 세 분이 바로 옆방에서 지켜보았다. 재동이가 사회를 보았다. 나가서 개회 인사를 나름대로 하였다. 뜻밖에 선생님들 방에서

"아아, 재동이 이야기 잘한다."

박수 소리가 터져 나왔다. 그제야 동학들이 '와아' 하고 박수를 쳤다.

이튿날 그 여관 주인 김 선생이 마침 갑사의 문화재 해설사를 맡고 있어서 우리를 갑사로 안내하여, 일주문부터 누각·종각·대웅전·삼성각이며, 대적전과 그 앞의 자광탑, 나아가 법장전의《월인석보》의 목판, 철당간과 거기에 얽힌 영규대사의 신통력과 충혼의 이야기까지 그 불교문화의 중요성과 가치를 자세히 설명하였다. 어쩐지 재동이는 눈물겹게 감동하였다. 그동안 막연했던 불교신앙과 사찰에 대한 인식이 더욱 분명해졌다. 더구나 그 김 선생이 대웅전 부처님께 대표로 참배하라며 재동이를 지목했다.

"네가 대표로 절해라. 성의껏 불전을 올리고 정성껏 세 번 절을 해라."

시키는 대로 적은 돈을 놓고 모두가 지켜보는 가운데 절을 하자니, 어찌나 미안하고 부끄럽던지 눈물이 났다. 이로부터 그 깊은 불연이 시작되었다.

교무실에서 입학 면접시험 실습까지 마치고 나니, 담임선생님이 기특하다는 표정으로

"재동이 너는 면접도 만점이야. 너만큼은 잘될 거야. 시험 잘 치

르고 와라. 면접 때 장래 희망이 무어냐고 묻거든 꼭 그대로 대답하고…."

꼬옥 안아 주었다.

"예, 맹세코 시험을 잘 보겠습니다."

재동이는 공연히 눈물이 났다.

입학시험 전날 어머니와 함께 그 대전사범학교에 찾아가 수험표를 받고 거기서 멀지 않은 선화동에 있는 고모네 집에 가서 그 집 식구의 격려를 받았다. 그 윗방에서 어머니와 함께 자면서도 그 시험문제집들을 가슴에 얹고 잠들지 못하였다.

"엄마, 이 문제집에서 나오면 문제없는데, 다 외우니까. 그런데 시험에 떨어지면 어떡하지…."

"너무 걱정 마. 너는 재주가 뛰어나니까 잘 볼 거야. 그리고 엄마가 날마다 부처님께 기도하고 있으니까 도와주실 거야!"

하긴 어머니가 집 안 장독대에 한밤중 정화수를 떠 놓고 손을 비비며 기도하는 모습을 본 적이 있었다.

"그래. 힘껏 잘 볼게!"

"그래 너는 잘해 낼 거야. 심호흡하면서 아는 데까지만 써. 절대 당황하지 말고…."

그 막내아들을 가슴에 껴안아 주었다. 어느새 재동이는 익숙하게 어머니의 젖무덤을 더듬고 있었다.

"아이고, 다 큰 녀석이 어리석기는…."

그제사 편안히 잠이 들었다.

운명의 그날, 어머니와 함께 그 학교 시험장까지 찾아갔다. 어머니는 운동장 주변의 의자에 앉았다가 다 끝나면 교문 옆에서 만나기로 하였다. 교실에 들어가 수험번호가 붙은 책상에 앉아 둘러보니 엄청났다. 전국의 수재가 모인다더니 다들 양복을 입고 크고 미끈한 천재 같았다. 드디어 감독관 2명이 시험지를 들고 와서, 한 명은 친절하게 시험지를 나누어 엎어서 놓아 주었고, 한 명은 전체를 응시하면서 엄숙하게 버티고 서 있었다. 시작종이 울리자 시험지를 열어보니 뜻밖에도 거의 다 아는 문제였다. 이상하다. 이렇게 쉬울 리가 없는데, 어쩌면 함정이 있을지도 모른다. 조심조심하면서 아는 데까지 풀어서 재검토하고 나니, 끝나는 종이 울려 두 손을 머리 위에 올리게 하고 걷어 갔다. 둘째 시간부터는 긴장이 풀리고 자신감이 생겨 무난하게 써냈다. 이렇게 학과시험이 끝났다. 꿈만 같았다. 아무래도 함정에 빠져 잘못 쓴 것만 같았다. 정말 걱정이었다.

이어 면접시험을 보았다. 수험번호대로 줄 서서 들어갔다. 마침내 차례가 되어 '145번 사재동'이라 외치고 시험관 앞에 섰다. 이제 겁날 것도 없었다. 언뜻 초등학교 입학시험 때가 회상되었다. 몇 가지 상식적인 문제를 묻더니

"무엇 때문에 이 사범학교를 지망했는가?"

재동이는 문제가 좀 다른 듯했지만.

"예, 페스탈로치와 같은 교육자가 되기 위해서입니다."

얼마나 크게 소리쳤는지, 시험관들이 모두 웃었다. '왜 웃었을까' 그것이 걱정이었다. 달려가 기다리는 어머니를 만났다. 어머니는 놀라는 표정으로

"야, 재동아! 시험 잘 봤어?"

"응, 문제는 다 풀었어. 맞는지 틀리는지는 모르겠고, 떨어지면 어떡하지."

"그런 소리 마. 잘 될 거야."

'떨어지면 어떡하지.' 그로부터 자나 깨나 걱정이었다. 이렇게 노심초사하기는 평생 처음이었다.

마침내 합격자 발표 날이 다가왔다. 그 전날에 어머니와 함께 고모네 집에 가서 잤다. 잠이 오지 않았다. 결국 병이 났다. 머리가 아프고 온몸에 열이 많이 올랐다. 어머니는 겁이 나서, 고모부에게 말하고 해열제를 사다 먹였다.

"야 재동아, 걱정 마. 틀림없이 됐을 거야. 이 에미가 좋은 꿈을 꾸었거든."

"정말이야? 엄마!"

어머니의 품에 안겨 젖무덤을 만지며 잠이 들었다.

이튿날 서둘러서 어머니와 함께 그 발표장에 가 보았다. 벌써 많은 사람들이 모여 있었다. 시간이 되어 교직원들이 와서 합격자의 수험번호를 게시판에 붙여, 모두가 우르르 몰려드는 가운데 언뜻 보니 145번이 보이지 않았다. 깜짝 놀라 눈물을 닦고 다시 보니 145번이 보였다. 분명했다.

"됐다!"

큰소리치며 펄쩍 뛰었다. 어머니가 아들 손을 잡고

"잘 됐다. 우리 아들!"

눈물을 흘렸다. 사방에서 '됐다'는 소리가 들리었다. 낙방의 한숨 소리는 들리지 않았다.

합격증과 입학 수속 서류를 받아 보니 입학금이 너무 많았다. 어머니가 보고는 안색이 달라졌다. 근심에 찬 그 얼굴을 보고

"입학금이 너무 많지. 그 돈 때문에 걱정돼서 그렇지. 걱정 마. 다 잘 될 거야!"

재동이는 합격의 기쁨과 자랑에 꽉 차 있었다. 영광 그 자체였다. 담임선생님의 칭찬과 함께 친구들의 부러움을 샀다.

졸업식에서 최고의 교육장상, 6년 개근상을 타고, 후배들의 송사에 이어 답사를 하였다.

"사랑하는 후배들, 존경하는 스승님들, 나가서 큰 일꾼이 되어 다시 찾아오겠습니다."

저절로 눈물이 흘러내리었다.

부모님은 그 입학금 때문에 걱정이 태산 같았다. 마감 날짜는 빨리 돌아오는데, 백방으로 생각하고 노력해도 그 돈을 마련하기 어려웠다. 드디어 마감 날이 왔다. 적어도 오전까지는 그 돈이 있어야 대전에 가서 등록할 수가 있었다. 그날 오전에 누님 내외가 와서 부모님과 상의하여 생명줄인 문전옥답을 팔기로 했다. 갑자기 매매할 수가 없었다. 누님 내외가 큰집 박 부자에게 맡기고 그 돈을 어렵게 마련하니 어느새 오후가 되어 날아가도 마감시간 내에 등록할 수가 없었다.

"이제 끝났어! 난 어떡해. 나는 못살아. 정말 죽고 말 거야!"

재동이는 생전 처음으로 비통해 하며 실제로 죽을 각오를 하고 대성통곡을 하고 누워 있었다.

그 앞에 어머니와 누님 내외가 꿇어앉아

"야 재동아, 내일 새벽에 매형하고 같이 은행에 가서 잘 사정하면 추가 등록이 될 수 있어. 걱정 마!"

가장 설득력 있는 누님의 말이었다.

그제야 울음을 그치고 일어나

"누나, 그게 정말이야?"

"그래, 정말이야. 내가 가서 해결할게. 나만 믿어!"

대답은 매형이었다. 매형은 똑똑하기로 유명하였다. 일말의 희망이 생겼다.

이튿날 꼭두새벽에 길을 떠나서 지름길을 걸어서 대전에 닿았다. 한국은행이 문을 열기 전에 그 앞에 도착하여 기다렸다. 문을 열자마자 둘이 들어가 창구에 서서

"어제 위급한 사정이 있어 마감 시간까지 못 오고 지금 이렇게 추가 등록을 하러 왔습니다. 아직 학교에 통보하지 않았을 테니, 제발 이 천재 같은 어린애 하나 살려 주세요."

매형이 간곡히 사정하였다.

"어제 5시까지 마감하여 오늘 학교에 통보하려 서류까지 작성해 놓았어요. 이제 안 됩니다."

냉엄하기 짝이 없었다. 기가 막혔다.

"선생님, 제발 살려 주세유!"

재동이가 창구 문턱을 잡고 황소처럼 통곡하였다. 모든 은행원들이 깜짝 놀라 그 사정을 알고 다 동정하는 마음이었다. 한참 만에 간부 두 명이 무어라 상의하더니 창구에 와서

"그래, 서류 다시 꺼내어 추가로 등록시켜 줘."

그래서 등록을 완전히 마치니 정말 인간 만세였다. '감사합니다.' 그대로 걸어서 집에 돌아와 부모님·누님에게 기쁜 소식을 전하니 어머니는 재동이를 품에 안고 눈물을 흘리고 누님은 그 손을 잡고 울었다.

입학식을 하고 그 반에 들어가 보니 대전사범 병설중학 1학년 1반이었다. 상당수가 대전에 있는 국민학교 출신이었다. 모두가 잘생기고 천재고 똑똑한 것 같았다. '시골 출신이 어찌 따라가랴.' 그 애들은 재동이를 촌놈 취급하고 저희끼리 깔깔대었다.

담임선생님이 들어와 간단한 인사를 하고 출석을 부르며 일일이 인상을 확인하더니

"누군가 학급을 통속해야 하는데, 우선 사재동을 반장으로 임명한다."

애들이 놀랐다. 앞에 나가 인사말을 하였다. 또 한 번 놀랐다. 반장 노릇을 열심히 하다 보니 금방 친해지고 애들이 따랐다. 알고 보니 반장 임명은 입학성적에 따른 것이었다. 애들은 늦게야 알고 또 놀랐다.

고모네 집에서 학교를 다니며 '일등을 해야지' 하며 공부를 정말 열심히 하였다. 영어 과목에 관심을 두고 국어과목을 제일 좋아하였다. 수학시간에는 졸기에 바빴다. 수학선생님에게 알밤까지 먹었다. 국어담당 유 선생님은 인물도 훌륭하지만 말솜씨가 좋아서 신기할 정도였다. 재동이는 그를 존경하였다. 우리 문학의 아름다움

과 가치를 그리 재미있고 실감 나게 설명하고 글짓기가 평생의 보배라고 절실하게 설파하였다. 문학작품을 잘 쓰면 영광의 작가가 되고, 논설문·논문을 잘 쓰면 문학박사로 대학교수까지 될 수 있다는 것이다. 꿈같은 이야기에 재동이는 황홀할 따름이었다. 그 선생님은 자신 있게

"그러니 글짓기를 열심히 하되 우선 날마다 일기를 써야 한다."

선생님은 글짓기를 숙제로 내어 걷어서 평가하고 우수작품을 수업시간에 읽게 하였다. 일기도 가져오라 하여 어떻게 쓰느냐만 보았다. 그때마다 재동이가 제일 잘하였다고 대놓고 면전에서 칭찬하였다. 얼마나 미안하고 흐뭇한지 속으로 하늘을 날 것 같았다. '그럴수록 더 잘해야지.' 일기는 그로부터 평생 쓰게 된 계기가 되었다.

학기말 시험을 치르고 여름방학에 들어설 때, 통지표를 받아 보니 재동이가 일등이었다. 급우들이 또 한 번 놀랐다. '시골 촌놈이 일등을 하다니.' 재동이는 통지표와 학업우수상을 가지고 날듯이 달려가 어머니에게

"엄마, 나 일등 했어!"

증거물을 보여 주었다.

"아이고, 우리 울보, 어리광쟁이가 반장을 하더니 일등까지 하였네."

정말 기쁘기 한량이 없었다. 정말 자랑하고 싶었다. 아버지도 기뻐하시고 형들도 기뻐하며 칭찬하였다. 서당에 올라가니 식구들이 다 칭찬하고 선생님이 손을 잡고 용돈까지 주었다.

"내 그럴 줄 알았다!"

정말 기특하다고 믿었다. 그 손녀는 이제 16세의 낭자가 되어 수줍어 내외하면서 '잘했어. 축하해' 그 말소리는 들리지 않았다. 외가에 가니 식구들이 다 칭찬하고 할아버지가 용돈을 주시고 할머니는 가슴으로 안아 주시며

"어이구 기특하다. 옛날이야기를 그리도 좋아하고 잘하더니…"
"재동아, 너 그 지혜로운 아이, 옛날얘기 알지! 그대로 될 거야!"

2학년이 되었다. 개학 이튿날 담임선생님 입회하에 반장 선거가 있었다. 급우들의 추천으로 재동이와 대전 출신 임덕재의 양자 대결이었다. 앞에 나와 선거 연설을 하였다. 재동이 더 큰 박수를 받더니, 개표 결과가 단연코 앞섰다. 그대로 반장이 되었다.

그해 6월 25일 북한의 침입으로 난리가 났다. 휴가 장병들은 빨리 귀대하라는 가두방송도 들었다. 이튿날 책가방을 싸들고 고모 내외에게 작별인사하고, 동네의 두 선배하고 걸어서 집으로 왔다. 작은형은 일찍 자원입대하여 생사를 모르고, 매형은 큰집 형님과 이미 피난을 가서, 누님이 남매를 데리고 집에 와 있었다. 남침의 군세가 밀어닥쳐 멀리 포성까지 들렸다. 우리 동네에서도 피난이 시작되었다. 우리 식구도 누님네와 함께 피난을 떠났다. 대전 오정리까지 갔는데, 이미 인민군이 앞서가고 있었다. 우리는 오정리 어느 집에서 하룻저녁을 세우고 집으로 돌아왔다. 벌써 인민공화국이 되었다. 큰형님이 우리 군인가족을 보호하기 위하여 민청위원장을 맡은 덕분으로 17살 재동이는 의용군 출전을 면하였다.

9·28 수복으로 편안해지자 개학의 소식을 기다리다 같은 처지의

친구 셋이서, 황룡리에 피난 와서 자리한 유명한 한학자가 서당을 열었다는 소식을 듣고 찾아갔다. 큰절로 인사드리고 공부를 시작하였다. 거기서도 재동이는 두각을 드러내었다. 한문에서 기억력과 독해력이 뛰어나 선생님의 칭찬을 한 몸에 받고 학우들의 부러움을 샀다.

재동이는 3학년으로 복학하여 반장과 일등으로 본과 1학년으로 자동 입학하였다. 대학에 갈 친구들은 이 병설중학을 마치고 대전고등으로 입학하는데 재동이는 꿈도 못 꾸고 그들을 부러워할 뿐이었다.

본과 1학년은 대부분 병설중학교 동기들이라 선거도 없이 재동이를 반장으로 추대하였다. 이제는 '일등을 해야지' 재동이는 굳게 다짐하고 열심히 하였다. 모두가 국민학교 선생을 하려면 국어와 미술, 음악만 잘하면 된다는 분위기였다. 영어나 수학은 대학에 가지 않는 한 소용이 없다는 식이었다. 재동이도 그 추세에 따라 선뜻 문예반과 미술반·합창반에 들어 적극 활동하였다. 게다가 연극을 좋아하며 연극반에도 들었다. 앞으로 3년간 졸업할 때까지 계속되는 것이다.

문예반은 국어과목을 담당한 백 선생님이 지도 교사로서 열정적으로 성의껏 가르쳤다. 그때 반장은 지금 세계적 언어학자 김진우 박사가 김단이란 이름으로 맡고 있었다. 주로 방과 후에 국어시간에 가르친 것을 재강조하면서 그 작품·문장을 실습하였다. 재동이는 대학으로 가거나 사회 진출로서 가장 중요한 평론·논문 쪽을

택하였다. 단연코 뛰어났다. 백 선생님은 책을 모으고 학구적이었데 재동이를 극구 칭찬하면서 대학으로 진학했으면 좋겠다고 격려하였다. '누가 갈 줄 몰라서 안 가나요.'

미술반은 미술과목 교사로 당시 화단에서 유명한 이 선생님이었다. 재동이는 구상은 잘하는데 색감이 부족하다고 지적을 받았다. 자연과 산사, 연화를 그리기 좋아하고 잘 그렸다. 물감을 제대로 사지 못하여 저조할 수밖에 없었다.

합창반은 작곡가로 유명한 구 선생님이 음악과목을 담당하면서 합창부의 특별 지도를 열심히 하였다. 재동이의 발성을 개별적으로 지도하더니 타고난 음성이라 칭찬하며 테너로 규정해 주었다. 여기서 익힌 합창·독창으로 10여 편의 가곡을 족히 부를 수 있게 되었다.

연극반에는 지도교사가 없었다. 백 선생님이 관심을 가지고 가끔 찾아왔을 뿐이다. 선배 중에 뛰어난 연기자가 개별지도와 연출을 맡아 연습하였다. 재동이는 연기·출연보다 연출을 좋아하고 열정을 쏟았다. 조연출이었다. 언제 어디선지 한 번 연출을 해 보리라 다짐하였다. 그리고 간절히 소망하였다. 정말 잘할 것 같았다. 국민학교 5학년 학예회 때 〈최영 장군〉을 각색·연출한 생각이 났다.

1학기 기말시험이 끝나고 여름방학에 들어가는데, 성적표를 받아 보니 재동이가 일등이었다. 모두가 당연하다는 생각이었다. 이제는 집에 가서도 '반장·일등'은 자랑거리가 아니었다.

동네의 진학한 후배들과 가까운 20대들을 모아 농촌 교화운동을 벌인다고 했다. 우선 '창말랑극회'를 조직하고 재동이는 대표가 되었다. 추석 때 동민 위안 공연을 한답시고 〈심청전〉으로 정하고 준비하였다. 마침 여름방학이라 그 극본은 재동이가 만들기로 하여, 배역은 끼가 많은 수현이를 심청이로 여장시키고, 심 봉사는 재길이가 맡기로 하며, 기타 배역은 적당히 배치하였다. 서둘러 탑거리 창고방에서 촛불을 켜고 연습에 들어갔다. 재동이가 때는 왔다고 그 대화와 연기 등을 열심히 지도하여 어느 정도 틀이 잡히었다. 추석이 다가왔다. 이제 그 배우들의 분장·의상, 소도구를 마련하고 동네의 대문짝, 돌마루 등을 빌려다 창말랑 홍 판서 묘소 앞 광장에 무대를 설치하고 무대장식까지 흉내를 내었다. 이장과 동네 유지들이 적극 협조하였다.

마침내 추석이 돌아왔다. 그날 저녁이 연극 공연, 동네가 들떠 있는 것 같았다. 예상 밖으로 동네분들이 거의 다 모이고, 인근 동네의 청년·처녀들이 호응·가세하여 대성황을 이루었고 국민학교 동기들이 많이 찾아와서 도와주고 격려하였다. 공연이 시작되었다. 연습 때보다 더 잘하였다. 부인들이나 처녀들은 눈물까지 흘렸다. 성공적이었다.

그 무대 뒷정리는 내일 하기로 하고 금남 26회 동기들과 출연자들이 탑거리 연습장에서 뒤풀이를 하였다. 그 동기들도 모처럼 많이 모이니, 재동이 26회 동창회를 조직하자고 제안하였다. 그러나 실제로 진학한 친구들과 농촌에 남은 친구들이 서로 겉도는 데다 여동기들의 호응이 소극적이어서 1년간 동네별로 연락·설득하여 내년에 조직하자고 합의하였다.

본과 2학년이 되어서 미술 실력과 가창 능력이 크게 발전한 데다 그 논술 문장력이 점차 높아지고 있었다. 그 일동을 해야 되기에 다른 과목도 관심을 가지게 되었다. 당연히 반장이 되었다.

학기말 시험 때가 되었다. 급우들이 그동안 등한했던 과목의 모르는 문제를 재동이에게 물으면 그런대로 척척 대답을 해 주니 신기했다. 시험시간에 모르는 것을 알려 주었다. 이른바 커닝이었다. 그러다 보니 배짱이 생겨 재동이를 중심으로 비밀스러운 커닝조직이 형성되었다. 학급 평균성적이 좀 올랐다. 그 내막을 아는 것은 급우들뿐이었다. 쉬는 시간에 오항진이란 친구가 교단에 올라가 연설하듯이

"사재동이 반장인 데다 일등이고 시험문제도 척척박사로 풀고, 또 그렇게 알려 주니, 아예 '사 박사'라고 부르자."

모두가 웃으며 박수하였다. 그로부터 사 박사가 되었다. 친구들의 장난말이지만 흐뭇하고 정말 박사가 되고 싶었다. '그러려면 대학에 가야 하는데…. 어림없는 일이지.'

여름방학이 되어 그 통지표와 반장 임명장을 어머니에게 전하고 26회 동기들과 만나서 동창회 모임을 협의하였다. 그동안의 노력으로 어느 일요일, 모교의 6학년 때의 교실을 택하여 모였다. 당직 오 선생님의 허락을 받고 모두 모여 앉으니 예상보다 많았다. 나름대로 절차를 밟아, 금남국민학교 제26회 동창회를 조직하고 재동이를 회장으로 추대하였다. 이를 기쁘게 받아들이고 앞에 나가 회장 인사말을 하였다. 솔직한 심정을 웅변하듯이 쏟아냈다. 뜨거운 우정, 동창의식이 강조되었다. 모두 느끼고 박수하였다. 복도에서 들

고 있던 오 선생님도

"재동이 연설 참 잘한다. 큰 인물 되겠는데…."

총무는 강정현이었다. 즉석에서 최초의 회비를 걷어, 시내 식당에서 6학년 때 담임 임 선생님을 모시고 점심식사를 하였다. 여기서도 재동이 일어나 인사말을 하였다. 그 동창회 조직을 보고드리며 스승님의 은혜와 동심으로 맺어진 학연, 깊은 우정을 간곡하게 이야기하였다. 모두가 숙연하였다. 임 선생님이 한말씀하셨다.

"이제 보니 다 컸네. 재동이 인사말에 느낌이 많았네. 부디 노력하여 큰 일꾼이 되기 바라네. 고맙네."

본과 3학년이 되니 모두가 졸업하고 선생으로 나가면 된다는 심정이었다. 허전하면서도 희망을 가지고 미술·음악·국어 정도를 적당히 챙기며 늙은이들처럼 농담을 나누고 있었다. 시험 때가 되었다. 농담 잘하는 한 친구가 쉬는 시간에 소리쳤다.

"여러 친구들, 시험공부 너무 걱정 마. 우리 반장 사 박사만 공부하면 되어!"

모두가 웃으며 박수하였다.

영어시간이었다. 서울사대 영어교육과를 수석 졸업한 신임 교사였다. 나이 든 학생들은 신출내기를 골려 주자고, 아니 자동적으로 졸기도 하고 저희끼리 잡담도 하고, '옛날이야기나 해 주세요' 능글맞은 소리도 하였다. 젊은 선생님은 화가 났지만, 혼내기도 그렇고 벌을 줄 수도 없으니 작심하고 교과서를 읽으며 성의껏 가르쳤다. 관계 대명사를 신나게 설명하고 큰 소리로 질문하였다. 모두가 고개를 들었지만, 대답이 없었다. 정말 따분하여 재동이가 우물쭈물 간명한 대답을 하였다. '맞는 것인지, 틀린 것인지.'

"넘버 원, 인 디스 클라스!"

선생님이 영어로 큰 소리쳤다. 그 엄지손가락을 우뚝 세우고 웃었다.

재동이는 놀랐다. '이 학급에서 제일이라고.' 정말 흐뭇하고 감사하였다.

연극반에서는 졸업기념으로 유치진의 〈소〉를 공연하기로 하고 열심히 연습하였다. 재동이는 그 반장으로 연출에 열정을 바치고, 전문가를 모셔다 자문을 받기도 하였다. 대전 시민관에서 공연하였다. 대전 사범 학생들, 학부형, 시민 일부, 그리하여 공연장이 꽉 찼다. 두려울 지경이었다. 재동이가 대표로 개막 인사를 하게 되었다. 어둠과 같은 장막을 헤치고 나가 만장한 관중을 보니 아찔하였다. 큰 기침을 하여 작심하고 원고대로 열변을 토하였다. 좀 지나쳤지만 모두 박수치니 우레와 같았다. 색안경을 쓴 한 청년이 벌떡 일어서 외쳤다.

"그 연설 참 잘한다."

그제사 재동이는 안심하고 흐뭇하였다. 그 공연에서도 재동이 프롬프터를 보았는데, 모두 성공적이었다. 모두 환성을 올리며 박수하고 칭찬이 자자하였다. 재동이는 얼마나 기쁘고 흐뭇한지 하늘에 둥둥 뜨는 것 같았다. '칭찬을 이렇게 좋아하다니, 어려서부터 칭찬을 먹고 사는 동물인가?'

담임선생님의 추천으로 시내 충남인쇄사에 가정교사로 들어갔다. 최 사장 이하 식구들이 선생으로 부르고 예우하였다. 마침 그 큰아들이 사범과 선배라 더 친절하게 대하였다. 그 막냇동생, 대식이는 병설중학교 1학년이었다. 순진하고 착한 대식이는 총명해 보였다. 밤마다 식전마다 시간표를 정해 놓고 열심히 가르쳤다. 때로 졸지만 다소곳이 잘 들어 배우고 있었다.

학기말 시험을 치르고 통지표를 받아 왔는데 재동이가 초미의 관심사라 기다리고 있다가 제일 먼저 펴 보았다. 왠일인가! 63명 중에 63등이었다. 기가 막혀 눈물이 났다. 눈물을 훔치고 다시 보니 틀림없었다. 어쩌면 좋지. 그만두고 나갈 수밖에 없었다. 아무 말 없이 대식에게 그 통지표를 넘겨주고 털썩 주저앉아 책상 위에 놓인 자신의 통지표를 펴 보았다. 분명히 56명 중의 1등이었다. 정말 난감하였다. '어서 나가자.'

저녁때에 최 사장이 재동이 방으로 왔다. 죄인 같은 느낌이었다.

"사 선생도 성적표 받았지! 물론 1등이겠지?"

재동이 당황하며

"사장님, 정말 면목 없습니다. 저 내일 떠나겠습니다."

"무슨 소리여! 성적표나 봐!"

재동이 떨리는 손으로 그 성적표를 보여 주었다.

"아, 1등이구나. 전 과목이 거의 만점이네! 정말 천재로군. 이런 성적을 가지고 국민학교 교사로 가기는 너무 아까워. 대학에 가서 크게 놀아야 돼. 대장부가….''

"저는 대학 갈 형편이 못 됩니다. 고향 모교에 가서 근무하면서 부모님을 모시려 합니다."

"고마운 이야기인데 사 선생은 대학에 가야 돼…. 걱정 마 입학금은 내가 대 줄게. 이번에 시험 봐!"

"아이 참, 송구해서…."

"걱정 마. 나중에 갚으면 되지. 사양한다고 시험 안 보면 안 돼!"

"네. 그러면 시험 보겠습니다."

"꼭 약속해!"

최 사장이 재동이 손을 꼬옥 잡아 주었다.

"감사합니다. 이 은혜 평생 잊지 않겠습니다."

벌써 눈물이 나며 흐느끼고 있었다.

충남대학교 국어국문학과에 입시 원서를 내고 입학시험을 보았다. 입시 준비를 안 한 터에 운 좋게도 아는 것은 다 썼다. 면접시험을 보았다. 그 시험관 중에 그 유명한 지헌영 교수가 있었다. 그동안 만난 적은 없었지만 인상으로 보아 강 선배의 말대로 틀림없었다. 공연히 가슴이 두근거리고 겁이 났다. 그 지 교수가 어떤 영문 책을 펼쳐 놓고 읽어 보라 했다. 긴장하여 더듬거려 잘 못 읽으니, 그 책을 접어놓고는

"이것을 제대로 읽는 놈이 하나도 없구먼!"

재동이를 아래위로 훑어보는데, 그 자신만만하고 강인한 인상과 빛나는 눈빛이 이 순진한 젊은 가슴에 깊이 꽂히었다.

합격자 발표 날이 왔다. 합격이었다. 강 선배가 축하해 주었다. 강 선배는 국민학교 2년 선배인데, 이 국문학과 3학년으로 국문학과 학회장을 하고 있었다. 재동이 입학할 때부터 큰 관심을 가지고

아껴 주며 안내하고 이끌어 주었다. 재동이도 외롭고 낯선 판에 강 선배를 따르고 좋아하였다.

6·25를 통하여 임관하고 대위가 된 작은형이 입학금을 내주어, 다행이었다. 입학식을 하고 교복을 입은 어엿한 대학생이었다. 내심 가장 절실하게 꿈꾸던 대학생활이 시작되었다. 그런데 입학성적이 마음에 걸리었다. 수석이 아니었기 때문이다.

"열심히 공부하여 과 수석을 해야지. 그래야 직성이 풀리고 장학금을 타리라!"

재동이는 운명적 결심을 하였다.

막상 개강을 하니, 철학과 사회학, 자연과학 등 교양과목과 영어·독어 등을 주로 배우고 국문학과에 직결된 과목은 문장론과 한문이었다.

그 문장론 시간에 들어가니 그 유명한 지헌영 교수가 담당이었다. 강의를 시작하였다. 먼저 자기소개를 하는데 정말 거창하고 대단하였다. '어쩌면 자기 자랑을 저다지 크게 하는 것인지. 과연 유명하구나!' 재동이는 그대로 받아들이며 다음을 기대하였다.

"이 문장이야말로 인문학에 있어, 천하지대본이며 사회진출의 최대 무기여! 이 문장, 논문만 잘 쓰면, 고등고시도 되고 박사·교수도 될 수 있단 말이야!"

지 교수는 그 눈을 부릅뜨고 빛내며 열강을 하였다. 민족문화 문학·예술은 하늘이 내려 준 보배이고 이를 전공하는 것은 대한의 대장부로서 의무이며 최상의 가치에 행복이며 영광이라고, 그 연구 업적은 금쪽같이 값진 것이니, 제대로 된 저서 1권은 큰 재산을 물려주는 것보다 더 높고 영원하다고 역설하였다. 스스로 감격하여 눈이 빛나더니, 눈물을 흘리며 목소리가 떨리었다. 재동이는 생전 처음 감동하여 소리 없이 울었다.

"이러한 인재가 나오기를 제군들에게 기대하노니, 학문은 열정이라 죽어라고 공부해요. 책을 사요. 돈 없으면 인문학 못 해요. 그렇잖으면 학점 안 줘요!"

모두가 겁내는 가운데, 재동이는 순진한 열정이 일어나 '돈 없으면 공부 못 해요'에 날을 세우며, 혈서를 쓰듯이 비장한 서원을 세웠다. '문장 논문으로 박사·교수가 되리라'고. 거기서 고전시가 연구에 일가를 이루게 될 강전섭과 국어학에 대가가 될 도수희를 동기로 만났다.

한문 시간에 들어가니, 조종업이란 선배가 와서 《중급한문》 교재를 나누어 주고 자기가 만들었다면서, 담당교수까지 소개하였다. 조선 말기 세도가의 후손으로 한문학의 대가로 유명한 서예가라고 하였다. 이어 그 교수가 들어오는데 홍안백발에 풍채가 좋아 정말 정승감 같았다. 자애로운 인상에 목소리가 우렁차서 모두가 압도되었다. 김순동 교수는 대뜸 교재를 펴들고 학생들의 수준을 파악하기 위하여 제1과를 누가 읽어 보라고 명하였다. 읽을 사람이 아무도 없었다. 재동이는 교재를 받자마자 1과에 명심보감에서 뽑은 글이 나와 재미있게 읽는 중이었다. 불안한 침묵이 흘렀다. 마지못해 손을 들고 그 문장을 읽고 아는 대로 해석하였다.

"아 참, 잘했어. 자네 이름이 뭔가? 한문 공부 좀 했나?"
"예, 사재동입니다. 서당에 좀 다녔습니다."

"아 그래! 재동이 이름이 좋군."

모두 까르르 웃었다. 그로부터 한문시간에는 가끔 그 과목을 먼저 재동이가 읽고 해석하고, 교수님은 이를 보충하고 깊이 있게 가르치는 것으로 진행되었다. 그리하여 재동이는 한문을 두려워하지 않았다.

그해 4월에 재동이는 금남국민학교 교사로 발령을 받았다. 대전사범을 졸업하면서 좋은 성적으로 자격증을 따, 모교에 가기로 신청을 해 놓았기 때문이다. 매우 기뻤다. 그러나 난처한 일이기도 하였다. 강 선배와 상의하니

"일단 금남국민학교 부임을 햐. 충대와 멀지도 않으니께. 그 홍교장도 잘 알고, 6학년 때 담임선생님도 거기 있어, 상의하면 방법이 있을 거야."

좋은 생각이었다. 재동이는 부임 전날 대전 생활을 정리하고 집에 가는 길에 먼저 그 모교에 들렸다. 교무실에 들어가니 방과 후 퇴근 전이라 모든 선생님이 알고 대환영이었다.

"사 선생, 반갑네."

"꼭 6년 만에 금의환향이네."

"아, 대단하네. 그럴 줄 알았어."

이에 재동이 감개무량하여 전체에 대하여 큰 절을 하고

"감사합니다. 다 은사님들 덕분입니다. 앞으로 잘 가르쳐 주세유."

임 선생님 품에 안기었다. 모두가 박수를 쳤다. 본교 선배 교무과장 박 선생이 재동을 데리고 교장실로 가서 인사를 드렸다. 교장

홍 선생님이 통지를 받았다며

"사 선생, 정말 반갑네. 여러 선생님들 모시고 잘 해 봐."

임 선생님이 따라 들어왔다.

"예, 잘하겠습니다. 제가 졸업할 때 선생님들이 거의 다 계시네요. 선생님들 모시고 열심히 하겠습니다."

이어서 재동이 교장 선생님에게

"실은 제가 충남대 국문과에 입학하고 강의를 듣다가 왔습니다. 어떻게 좋은 방법이 없을까요?"

세 선생님이 대학 가기 잘했다면서도 난처해 하였다. 교무과장이 묘안을 냈다.

"수강도 많지 않고 대전이 그리 멀지는 않아서 임시로 강사 하나를 써서 잘 조정해 보지요."

"그래요. 박 과장이 그런 방향으로 연구해 보셔유."

재동은 살 길이 열렸다고 '감사합니다' 고개를 숙이고, 임 선생은 '잘 됐다'고 흐뭇한 미소를 지었다. 교무실로 와서 2학년 3반을 배정받았다. 교실은 변소 옆이라고 했다.

집에 와서 이 사실을 알리니, 어머니는 '정말 기특하다'며 눈물을 흘리며 기뻐하였고, 아버지는 묘한 웃음을 지으며

"우리 집안에 선생님이 나오다니, 참 어렵게 성공했다. 어려서부터 선생님 노릇을 하겠다 하더니…."

말끝이 흐려졌다. 큰형과 누님·매형도 크게 반기며 축하·칭찬하였다.

첫 출근이었다. 교문과 현관·교실 모두가 6년 전과 다르지 않았

다. 감회가 새로웠다. 교무실로 들어가 인사를 하고 지정된 자리에 앉았다. 조회가 시작되었다. 교장 선생님이 신임 교사를 소개하였다. 사 선생은 일어나 부임 인사를 하였다.

"존경하는 은사님들의 품 안을 떠난 지 만 6년 만에 이렇게 다시 존안을 뵈오니 실로 감회가 새롭습니다. 그 입시 준비를 마치고 면접 모의고사를 치를 때, '페스탈로치와 같은 교육자가 되기 위해서 사범학교에 지망하였다'고 대답한 기억이 생생합니다."

이어서 몇 가지 감격 어린 이야기와 함께, 은사님들을 모시고 열심히 하겠다고 다짐하였다. 모두가 감동하여 속으로 혀를 차며 '인사 잘한다'며 칭찬의 박수를 쳤다.

나아가 전교생 조회에서 교장선생님이 신임 교사를 소개하였다. 학생들이 엄숙하게 주목하였다. 사 선생이 높은 단에 올라가 부임 인사를 하였다.

"사랑하는 후배 여러분, 저는 6년 전까지 이 운동장에서 뛰놀던 학생이었습니다. 6년 만에 이렇게 선생님이 되어 만나게 되니 너무나 반갑고 감개무량합니다."

이어 몇 가지 감명 깊은 이야기를 하고, 열심히 공부하여 훌륭한 일꾼이 되자고 다짐하였다. 모두 감동하여 박수를 쳤다. 유독 교무과장이 '참 잘한다' 깊이 감탄하여 교무실에 들어가 사 선생의 어깨를 치며

"사 선생, 연설 참 잘하네. 놀랍네. 우리 학교 웅변반을 좀 맡아 주게."

"예, 알겠습니다. 열심히 해 보겠습니다."

너무도 고마웠다.

사 선생은 화요일과 목요일, 양일간 대학에 가서 강의를 받고 그 사이 강사 강 선생이 보충하고, 여기서 벗어나는 '초급 독어'는 친구가 대리 대답을 하고 그 노트까지 빌려 보기로 하였다. 그리고는 가르치는 데에 열중하였다. 교육도 열정이라 했던가. 페스탈로치를 떠올렸다.

그 2학년 3반 교실은 변소 옆 창고 같은 공간이었다. 그 주말에 덩치 큰 남학생을 불러 장터에서 세면과 백회를 사다가 연회색으로 섞어 큰 방 안을 다 칠하고 책상을 재배치하였다. 중요한 그림을 그려 붙이고 교육에 필요한 글귀나 도표 등을 새 벽에 붙이었다. 그 애들이 모두 손뼉을 치며 좋아하였다. 마침 국어시간이라 큰 소리로 열정을 다하여 가르쳤다. 교장 선생님이 변소에 왔다가 가만히 다 듣고는 쉬는 시간 소사를 시켜 사 선생을 불렀다. 사 선생은 모처럼의 칭찬을 기대하면서 교장 선생님 앞에 섰다.

"교장 선생님, 부르셨습니까?"

"사 선생, 오해 말고 잘 들어요. 사 선생, 그렇게 큰 소리로 가르치면 선생님이 힘들어 못 견뎌요. 제일로 아동들이 주의 산만하여 교육 효과가 없는 법이니 제발 조용조용히 하시게."

충격이었다. '교육은 열정이라 했는데, 그럼 늙은이처럼 힘없이 하란 말인가.'

"예, 알겠습니다."

사 선생은 허전한 걸음이었다. 다음 시간에 사회과목을 가르치는데, 처음에는 조용조용히 나가다가 자신도 모르게 열정이 일어나 큰 소리로 열강을 하였다. 어쩔 도리가 없었다.

사 선생이 웅변반을 맡아 보니, 마침 담임반의 임윤수라는 어린이가 와 있었다. 잘 생기고 영리한 어린이라 무척 반가웠다.

"윤수야, 네가 웅변반에 들어왔구나. 잘하겠지!"

"예, 웅변이 하고 싶어서요. 잘 지도해 주시면 한번 해 보겠습니다."

깜찍하였다. '바로 이놈이다' 하고 점찍어 놓고는

"그래 윤수야. 이번 여름방학에 군교육청이 주최하는 웅변대회가 있는데 한번 나가 보자!"

"예, 한번 나가 보겠습니다."

그로부터 원고를 만들어 연습을 시켰다. 너무도 잘하였다. 가르치는 이상으로 천재성을 발휘하였다. 놀라웠다. 쉬는 시간에 가서 선생님들 앞에서 윤수가 웅변을 하였다. 모두가 감탄하고 박수하였다. 그날이 왔다. 나가서 윤수가 웅변하니 단연코 뛰어났다. 예상하고 희망한 대로 일등이었다. 사 선생은 자신이 장원한 것 이상으로 기뻤다.

"윤수야, 참 잘했다!"

힘껏 안아 주었다. 학교에 돌아와 자랑하니 모두가 축하하며 박수하였다. 윤수가 돌아간 후 교무과장이 선생님들을 향하여

"사 선생이 말을 잘하고, 지도를 열심히 했으니까 일등을 했지!"

모두가 '그렇다' 하며 숙연해졌다.

이튿날 오전 수업을 끝내고 윤수가 안내하여 나가 보니, 묘령의 아가씨가 기다렸다. 윤수와 같이 예쁘고 매력적인 숙녀였다. 윤수

의 누님으로 웅변 우승의 고마움을 표하려고 왔다는 것이다. 점심 식사를 대접하겠다고 학교 근처의 음식점으로 갔다. 윤수도 함께였다. 불고기를 시켜 맛있게 먹고 윤수는 먼저 나가고 사 선생은 원래 늦게 먹는 터라 임 양은 별말 없이 기다렸다. 식사가 다 끝나자, 차를 마시며 임 양은 자꾸만 바라보더니

"사 선생님, 저 모르시겠어요?"

"잘 모르겠는데요."

"아이 참, 저 그 동네 박옥자 하고 함께 다니던 27회 임창화예요."

"아, 그렇구나! 우리 동창 홍순이 동생!"

"예, 맞아요."

"원래 많이 변하고 더 예뻐져서 몰라봤네. 미안해요."

"아니요. 저도 선생님 처음 뵐 때 잘 몰랐는데요 뭐."

무슨 이야기를 더 하고 싶은데, 학교에서 시작종 소리가 멀게 들렸다.

"수업이 시작되어 가보겠습니다."

"예, 안녕히 가세요. 또 연락드리겠습니다."

아쉽게 헤어졌다.

이튿날 윤수가 두툼한 봉투를 전해 주었다. 임 양의 편지였다. 장문의 정성 어린 연애편지였다. 뒷주머니에 넣고 의자에 앉았다. 일어나니 그 봉투가 빠진 것을 옆자리의 강사 강 선생이 주워 보고, 교무실에 공개하여 재미있는 화제가 되었다. 애들과 함께 점심식사를 하고 교무실에 들어가, 이 사실을 알고 사 선생은 얼마나 부끄러워했는지 모른다. '제기, 순진하기는….'

사 선생이 대학에 가서 2학기 기말시험을 치르고 성적표를 받아보니 논문식으로 답안을 쓴 과목은 모두 A학점인데 자연과학은 C학점, 초급 독어는 F학점이었다. 그래서 기대했던 평균 A학점이 깨어졌다. 과 수석은 바라지도 않았지만, F학점이란 평생의 충격이요, 수치였다. 속으로 울면서 '이래서야 되겠는가' 비장의 각오를 하고, 그해 12월 말일 자로 사표를 냈다. 이 사실을 안 교무실에서는 의견이 분분하였다.

"아니, 이 교직이 얼마나 좋은디 앞으로 결혼해서 고생하신 부모님 모시고 잘 살면 되지 왜 사표를 내어."

"사 선생, 어려운 결단을 했어. 더 크게 놀아야지."

"아니 지금 대학 졸업하고 백수건달이 수두룩한디 그럼 박사가 되어 교수라도 되겠다는 거여, 뭐여. 사 선생 그렇게 될 수 있겠어?"

사 선생은 그 말에 어쩐지 자존심이 상하고 분심이 났다.

"예, 선생님들. 미력하지만 박사·교수 한번 해보겠습니다."

모두 오만방자함에 놀랐지만, 임 선생님과 교무과장은 속으로 그 말을 믿고 기대하였다. '재동이는 할 수 있으리라.'

집에 와서 부모님에게 그 사실을 말씀하니 어머니는 눈물을 흘리며 한참 침묵하더니

"그래 잘했다. 대학에 가서 더 열심히 하여 더 큰 인물이 돼야지."

그제서야 아버지가 힘을 내어

"그래 잘했다. 사내자식이 고대 죽어도 크게 놀아야지. 박 부잣집 큰아들보다 더 높이 돼야 한다."

떨리는 목소리였다.

사실, 아들이 가까운 국민학교의 선생님으로 근무하는 것은 큰 자랑이요, 결혼시켜 함께 사는 게 희망이요 행복이겠는데 갑자기 사표를 내고 기약도 없는 대학 생활로 가겠다니, 땅이 무너지는 듯 참담하였을 것이다. 또한 아들이 큰 인물이 되기를 바라는 것이 부모 마음이었다.

  그 송별회를 마치고 사 선생은 교무과장과 같이 걷고 있었다. 둘이는 이웃 동네 살기로 큰길까지는 같이 가야 했다. 헤어지는 길목, 창말랑 기슭 풀밭에 앉아서 아쉬운 이야기를 하였다.

  "사 선생, 정말 어려운 결단을 했어. 그래, 박사·교수가 된다고 했지? 그렇게 노력해 봐. 사 선생은 족히 해 낼 수 있을 거야."

  "예. 그리 노력하겠습니다. 그동안 감사했습니다."

  "그리하자면 외국어를 잘해야 하는데, 영어·독어도 중요하지만, 일본어·중국어도 해야 돼."

  "예, 알겠습니다."

  "그리고 참, 결혼하려면 어떤 여자를 취할 거야?"

  "예, 아무 조건 없이 착하고 진실하면 됩니다."

  "좋은 생각이네. 알았어. 잘 가."

  "안녕히 가세요."

  아쉽게 헤어졌다.

04
중등학교 교사가 되어

　사 선생이 대학 2학년 1학기부터 공부에만 전념하니, 물 만난 거북이었다. 실은 어머니가 거북에게 엄지손가락을 꽉 물리는 태몽을 꾸고 태어났다. 그다지 칭찬할 줄 모르는 지 교수가 문장론 시간에
　"책 사요, 공부해요, 학점 안 줘요, 여지껏 사재동 군이 C학점 받은 게 최고야!"
　모두가 긴장하고 혀를 찼다.
　그 한문학 조교와 같은 조종업 선배가 학생들에게 격려차
　"고급 한문에서, 사재동이 제일 잘해 A+ 맞았어!"
　모두가 허허 웃었다. '과연 잘하는구나.'
　또한 지 교수가 국문학개론을 강의하고
　"그 사재동이 B학점 맞은 게 처음이야. 싹이 보이는데 국문학사 과목을 수강해 봐야 알지."
　그 말이 학생 사이에 퍼져나갔다.
　국문과에 문학 담당으로 새로 부임한 정예 학자 김열규 교수가 엉뚱하게 중급 독어를 강의하였다. 사 선생은 한풀이나 하듯이 그

과목을 신청하여 열심히 한 결과 기말시험에서 A학점을 받았다. 신중한 김 교수가 자랑과 격려로

"사재동은 영어는 물론 독어도 잘 해. 문장론과 국문학개론에서도 성적이 좋대. 그 대단한 지 선생님이 말했어."

모두가 주목하고 기대에 찬 분위기였다.

사 선생은 매우 부담스럽고 불안하기까지 하였다. 그러나 내친김에 '한번 해 보자'고 단단히 다짐하였다. 그때에 강 선배가 찾아왔다. 긴장된 목소리로

"사형, 2학기 때 지 선생의 국문학사 강의 신청해!"

"아니 선배, 그 과목은 3학년에 해야 되잖아요. 더구나 그 무서운 강의를 제가 어떻게 감당해요."

"그러니까 해 보라는 거야. 사형은 족히 할 수 있어. 낙제한 선배들이 많아서 학년 개념이 없어. 이미 지 선생님한테 말씀드렸더니 좋다고 했어!"

떨어질 각오를 하고 그 국문학사 과목을 신청하였다. 이미 학점을 딴 강 선배에게 물어 그동안에 간행된 한국문학사 저서는 거의 다 사가지고 첫 강의에 들어갔다. 그 넓은 강의실이 거의 다 찼다. 본래 3학년에다 낙제한 4·5학년이 상당수 동참하였기 때문이다. 지 교수가 들어와 그 특유의 눈매로 잔뜩 긴장한 좌중을 훑어보더니

"책 사요, 공부해요, 학점 안 줘요, 여기에는 2학년 사재동 군이 많은 국문학사 저서를 준비해 가지고 수강하러 왔는데, 이 사람은 아마 이 과목을 잘 할 것 같아요. 다들 정신 차리고 공부 열심히 해요!"

모두들 사 선생을 눈여겨보았다. 그리고 강의하는데, 국문학사의 중요성, 노트 정리의 중요성, 그 방법론의 다양성, 논문식 시험 답안 등에 대하여 뜨거운 열강을 하였다. 문장론·국문학개론 때와는 차원을 달리하였다. 그 열정에 겨워 목소리가 떨렸다. 그대로 눈물을 흘릴 듯이 빛났다. 모두가 숙연해졌다. 사 선생은 감동되어 속으로 울었다.

"이 한국문학사를 제대로 저술할 인재·제자를 찾으려고 나섰습니다. 죽어라고 열심히 해요. 그만한 실력자라면 즉시 조교·교수 자리를 주겠다. 아니, 내 자리를 내주겠어요."

끝났다. 극적이었다. 충격이었다. 사 선생은 그 감격을 오래 잊을 수 없었다. '내가 감히 도전해 보리라.'

그 치열한 강의가 끝나고 기말시험을 치르게 되었다.

"예고한 대로 모든 참고서를 다 보고, 시험 백지는 얼마든지 있고, 시간도 얼마든지 줄 테니까, 논문식으로 힘껏 써 봐요."

지 교수는 단 1문제 〈국문학사의 시대 구분에 대하여 논하라〉를 칠판에 크게 써 놓고, 학생들이 쓰기 시작하자 한적한 자리에 앉아 작은 재떨이를 꺼내 놓았다. 사 선생은 강의 중에 크게 강조했던 문제라 그 참고 저서를 펴 보면서 족히 쓰겠다는 생각이 들었다. '한번 크게 해 보리라' 그 서론·본론·결론 식으로 차근차근히 써나갔다. 어찌 그리 여유가 생겼는지, 그런 배짱이 어디서 나왔는지 자신도 놀랐다. 끝나는 종이 올렸다. 거의 모두가 교수님 앞에 답안지를 내고 나갔다. 그는 끄떡하지 않고 쓰기에 바빴다. 교수님은 담배를 피우며 창밖을 보아 부담을 주지 않았다. 시간이 많이 지났다. 친구가 찾아와 함께 담소하면서 기대하며 기다렸다. 마침내 다 끝났다. 한 번 검토하고 교수님 앞에 제출하였다. 쳐다보지도 않고 받아 합쳐서 가지고 나갔다. 사 선생은 미안할 것도 없었다.

마침 방학이 시작되니 집으로 돌아왔다. 그로부터 걱정이 끊이지 않았다. 그 답안을 잘 못 쓴 것 같고, 너무 지체하여 그 교수님의 미움을 살 수도 있다는 생각이었다. 아무래도 낙방할 것이라는 예감이 들었다. 'F학점이면 어쩌지' 견디기가 힘들었다. 조바심이 났다.

그러던 어느 날 오후, 강 선배가 찾아왔다. 대전으로 이사했기에 먼 걸음이었다. 표정이 굳어 있기에 무슨 불길한 소식인가 싶었다.

"통과됐어! 사형, 국문학사 A학점, A+수준인데, 오만해질까 봐 A° 93점을 주었대요. 축하해!"

비로소 웃었다. 사 선생은 얼떨떨하고 거짓말 같아서

"아니 정말이요? 내가 어떻게 A학점이요! 꿈만 같네요. 감사합니다!"

떨리는 목소리 끝에 눈물이 날 지경이었다.

"사형, 지 선생님이 한번 찾아오랬어! 오늘 늦게라도 함께 가지."

호랑이 같은 그분을 만나 뵈러 같이 가 주겠다는 것이다. 얼마나 다행한 일인가.

"왜 그러시는지 모르지만 감사합니다."

사 선생은 어머니에게 대충 설명한 뒤에 옷을 갈아입고 강 선배를 따라나섰다.

대전에 도착하여 강 선배는 그 집을 자주 드나들었다며 쉽게 잘 찾아갔다. 열려 있는 대문 안에 들어서서 인기척을 하니 국문과 3학년, 선생님의 외동딸 지 선배가 나와서 안내하며

"사형, 잘 왔어요. 기다리고 계셔요."

이제 와서는 두려울 것도 없었다. 서재 안에 들어서니 고서의 향기가 코를 찌르고, 지 선생님은 불도 켜지 않은 채 도인처럼 정좌하고 있었다. 지 선배가 불을 켜고 둘이 선생님께 큰 절을 하고 앉으니, 사면을 꽉 채운 책들에 위압되었다. 이미 들었던 바 이상이었다. 지 선생님이 긴장한 듯이 강의조로 말씀하였다.

"잘 왔네. 이번 국문학사 답안 잘 썼어! 처음 있는 일이야. A+ 감인데, 계속 그리 발전하면 내가 조교를 시켜 줄 거야!"

엄숙한 선언이었다. 사 선생은 감격하여 무슨 말을 할지 몰랐다.

"예, 명심하겠습니다."

목소리는 기어들어 갔지만, 서원은 금석같았다. 조교가 되면 거의 다 교수로 올라갔기 때문이다. 하늘같이 존경하게 되었다. 지 선배가 찻상을 들고 왔다. 차를 마시며 지 선생님은 학문의 길, 교수의 길에 대하여 열강을 하였다. 사 선생은 가슴에 깊이 새겼다. 벅찬 일이었다. 둘이 큰 절을 하고 물러 나왔다. 어찔어찔하여 넘어질 지경이었다.

사 선생이 3학년에 올라가 학회장을 하였고, 성적이 우수하여 장학금을 받았다. 무엇인가 보람 있는 일을 해 보기로 고민한 끝에 연극의 학내 공연을 기획하였다. 사 선생이 그 극본·희곡을 직접 창작하였다. 《계승자》가 그것이었다. 가난하고 총명한 국문학도가

저명한 학자의 뒤를 이어 교수가 된다는 내용이었다. 배역을 정하여 연습을 하는데, 여자 배역이 마땅치 않아, 방송극 형태로 만들어 국문과 학생들에게만 선보이고 말았다.

그 다음에 계획한 것이 춘·추로 학술여행을 하는 일이었다. 당시 대학원 2년차이던 강 선배와 상의하니 신심이 깊은 그가 '사찰 문화의 탐방·조사'를 제안하였다. 대찬성이었다. 즉각 실천하였다. 사찰문화에 대한 인식이 깊어지고 넓어지는 계기가 되었다.

봄에는 지 교수님을 모시고 직지사로 갔다. 그 절의 풍수지리적 위치로부터 건축·미술·조각·공예 등과 소장 문헌 그리고 전래 전설·주변의 지명 등을 조사하였다. 성공적이었다. 그 결과를 기행문 형태로 요약하여 《보운》(문리대 교지)과 《충대신문》에 게재하기도 했다.

가을에는 김형기 교수님을 모시고 남원을 거쳐서 화엄사로 갔다. 남원에서는 〈춘향전〉의 고장이라고 하루를 지내면서 조사·체험하였다. 성과가 적지 않았다. 이어 화엄사에 가서는 교무스님의 해박한 설명으로 사찰문화 불교문화에 대한 식견을 넓히고 조사의 성과를 높일 수 있었다. 불교문화의 박물관 이상이었다. 이때 사 선생은 불교문화의 연구에 깊은 관심과 열정을 가지게 되었다.

그 2학기 후반에 지 교수와 문리대 학장 사이에 학문적 업적과 승진 문제로 심각한 충돌이 있었다. 올곧은 지 교수가 사표를 냈는데, 당국에서는 하극상이라고 파면 처분을 내렸다. 이에 강 선배의 주동으로 사 선생은 많은 학생들과 함께 그 반대 시위에 나섰다.

그 파면을 철회하고 저명한 학자, 지 교수님을 복직시키라고 강력하게 나갔다. 이에 당국은 교수회를 통하여 온건하고 강력하게 설득과 엄벌로 대응하였다. 결국 완강한 주동자 강 선배만 퇴학을 시키는 선에서 무마되었다.

이에 사 선생은 큰 죄를 지은 것처럼 참담한 심정으로 강 선배를 위로하고 지 교수에게 사죄의 눈물로 큰 절을 올리고 입대하였다. 그해 12월이었다.

학보병으로 논산훈련소에 가서 신병 훈련을 마치고 일선에 배속되었다. 일선의 1사단, 예비연대로 12연대 3대대 9중대 병기계를 맡아 각종 병기 창고에서 근무하였다. 혼자의 시간을 다행이라 생각하고 틈나는 대로 계속해 온 일기도 자유롭게 쓰고 《독어정해》로 공부도 하였다. 그리고 부모님과 존경하는 교수님, 지헌영·김순동·김형기·김완진·김열규 선생님들과 금남국교 교무과장 박 선생, 친구 강달현·장영기·강기세 등에게 간곡한 안부 편지를 하였다. 이 부대는 주로 군사 훈련을 하는데, 고지 훈련 시에는 앞에 보이는 불상 같은 바위에 간절한 기도를 올렸다.

드디어 큰 형이 쓴 부모님의 답장에 이어, 김완진 교수의 답장, 간절한 위안과 격려, 그리고 '특수 집단의 언어 연구'로 〈군대 집단의 은어 연구〉를 위하여 현장에서 군대 은어를 조사하라고까지 했다. 강달현의 우정 어린 답장, 한때 사귀던 금남병원 간호사 이 양의 소식까지 전하면서 그 이름 밑에 별표 사인까지 하였다. 사실 중대 본부 인사계가 오가는 편지를 모두 검열하고 있었다.

그때 대원들은 만나면 여자 이야기였다. 교육장에 줄지어 가면서 멀리 민가의 빨랫줄에 걸린 색깔 있는 여자 속옷만 보아도 '야아!' 환성을 지르는 지경이었다. 인사계가 호출하여 가보니 편지 1통을 내밀었다. "잘 해봐."

의미 있는 미소를 지었다. 그 교무과장 박 선생님의 편지다. 내용인 즉, 감성국교로 전근을 갔는데 그 여선생 중에 착하고 진실한 처녀가 있는데, 잘 생긴 데다 매사에 친절하고 잘 가르친다며 중매를 서겠으니 이번 겨울방학 때에 휴가를 나오라는 요지였다. 그 편지를 읽고 즉시 '무조건 결혼하겠다' 단단히 결심하고 휴가 갈 궁리를 하였다. 며칠 후에 이소연의 이름으로 두툼한 편지가 왔다. 인사계가 넘겨주며 앉은 자리에서 읽어 보라는 것이다. 그 읽는 표정을 읽으려는 것이었다. 떼어 보니 장문의 뜨거운 연애편지였다. 정말 사랑하고 보고 싶은데 이리 못 만나니 어쩌면 좋으냐고 '흑흑흑…' 느껴 우는 소리까지 썼다. 정말 감동적이었다. 사 선생은 심각해졌다. 그 내용이사 감미롭지만, 그 이름은 전혀 모르는 여인이었다. 자연 이맛살을 찌푸리게 되었다. 인사계가 가까이서 지켜보고 심각해졌다. 그 편지의 이름 옆에 별표 사인이 눈에 띄었다. '아, 강달현의 사인', 그가 써 보낸 가짜 편지, 친구를 위로하고 나아가 휴가를 오게 하는 방편으로 한 것이 분명하였다. 즉시 연극을 하였다. 고개를 숙이고 우는 표정까지 지었다. 인사계가 더 심각해져서 물었다.

"어때, 사 일병 휴가 가고 싶으냐? 아직 휴가 갈 때가 안 되었는데…."

"예, 가고 싶습니다. 복잡합니다. 어찌할지 모르겠어요!"

인사계는 저러다 탈영하면 큰일이다 싶어 오히려 걱정이었다. 중대장에게 이 사실을 보고하고 1달간 휴가를 마련해 주었다.
　휴가를 나오자마자 집에 들러 인사하고 석삼리 그 박 선생을 찾아 인사하고 그 이튿날 저녁때 박 선생 댁에서 맞선을 보았다. 달현이 양복을 빌려 입고 마주 보니, 키가 좀 작을 뿐, 모든 게 좋았다. 박 선생 앞에서 '서로 좋다'고 다짐하고 문서로 남기었다. 사모님이 준비한 이른 저녁을 먹고, 둘이서 인사하고 나왔다. 석삼리 입구에서 시작되는 금강변 뚝방 길을 걸으며 무엇인가 신나게 이야기하고, 김제인 선생은 아무 말 없이 묻는 말에 대답만 하고, 가끔 미소 지으며 간절한 눈길을 맞추곤 하였다. 그 후로 거의 날마다 만났다.
　약혼식을 대전 목동 그 오빠 집에서 하였다. 강 선배와 달현이 동참하였다. 몇 잔씩 걸치고는 뜻밖에 사 선생이 가곡 〈그네〉를 불렀다. 모두가 놀라고 박수했다. 모두가 강권하여 약혼자 김 선생이 〈동심초〉를 불렀다, 역시 공주사범 출신이라 너무도 잘 불렀다. '천생연분이네.'

　그 후로는 마음 놓고 만나서 사랑을 다졌다. 귀대 시일이 되어 아쉽게 헤어졌다. 부대에 가 보니 큰 사건이 벌어졌다. 무식하고 우직한 인사계가 병기 창고 서랍에서 책 1권과 작은 일기장, 군대 은어 수집 등을 발견하고 방첩법에 어긋난다고 야단이었다. 일단 본인이 왔으니 중대장한테 보고하고 법대로 처리하겠다고 얼러 댔다. 사 일병은 하도 기가 막혀 변명도 하지 않고 중대장한테 해명하리라 마음먹었다. 그때 육사 출신 소대장 김 소위가 이 사실을 알고

사 일병의 편을 들어 인사계를 나무랐다.

"방첩법이라니 무슨 말인가. 그 책은 독일어 책인데 군대에서 외국어 공부를 하니 얼마나 기특한가. 더구나 일기까지 쓰다니 대단하구먼. 그리고 군대 은어는 특수집단의 언어 연구에 소중한 자료인데, 정말 학구적이군. 이런 사람을 칭찬·격려는 못할망정 간첩처럼 몰아붙이다니, 당신 제정신이요? 무엇을 제대로 알고 처리해야지! 나도 일기 쓰고 있는데, 나부터 간첩으로 고발해 봐!"

단칼에 자르듯 하였다. 인사계는 꼼짝 못하였다. 사 일병은 통쾌하고 감사하였다. 어쩐지 눈물이 났다.

김 소위가 사 일병을 데리고 밖으로 나왔다. 부대 주부에 가서 한잔하며 위로 격려하였다.

"사 일병, 장차 무엇을 할 거야?"

"예, 대학원에 가서 교수직 방향으로 나갈 것입니다."

"응 그래, 그게 최선의 길이지. 그렇지, 장래에 나는 장군이 되고 사 일병은 교수가 되어 한번 만나자."

"예, 알겠습니다. 제2외국어가 약해서 독어 공부를 하고 있습니다. 중국어도 전공 관계상 필요한데 마땅한 교재가 없습니다."

"아 그래! 내가 육사 때 공부하던 교재 《중국어》를 가지고 있는데…."

헤어져 얼마 되지 않아. 직접 그 책을 가져다주었다. '감사합니다.' 감격 그 자체였다. 그 책 앞의 백지 위에 '성공을 빈다.'라고 김 소위의 사인이 있었다.

학보병이라 1년 6개월 만에 제대하여 4학년으로 복학하였다. 김순동 교수의 배려로 그 막내아들의 가정교사로 들어갔다. 가족이 '사 선생'이라고 예우가 극진하였다. 그중에는 충대 법과 2년 선배 김 형이 있었고, 국문과 1년 후배 김 양도 있었다. 가르칠 기회를 주지 않았다. 김 교수의 속마음을 잘 알고 감사하였다.

두시언해 과목에서 강사 이재복 교장은 대처승인데다 구변이 좋아서 두시보다는 불교·불교문화·불교문학 이야기를 더 많이 하여 사 선생은 많은 것을 배웠다. 원효가 체험하고 깨달은 '일체유심조'를 설파할 때, 사 선생은 감격하여 '화악' 가슴으로 받아들였다.

이정호 교수의《월인석보》강독 과목을 청강하였다. 이 교수는 이화여대 교수를 지내고 동양철학이 전공인데, 불교·불교문화에 조예가 깊고《훈민정음》과《월인석보》를 전공한 것 같았다. 부드럽고 유창한 화술로《월인석보》첫머리에 실린《훈민정음언해》를 해설하는 데 놀랐다.《훈민정음》이 창제되고 즉시《월인천강지곡》·《석보상절》,《월인석보》등 거작 국문불서가 편찬·간행된 것으로 보아, 불교계의 문자 역할을 다하였다고도 하였다.《월인석보》를 강설하는 데서는 이 방대한 불서가 조선에서 최초로 편간된 세계 유일 국문 불경이고, 부처님의 장엄한 일대기를 국문시가와 국문산문으로 교직·서술한 보배로운 불교문학이라고 역설하였다. 정말 처음 듣는 이야기였다. 사 선생은 눈이 번쩍 뜨이고 감명·공감하였다. '이쪽을 전공해 볼까.'

'한문학 연습' 과목에 김순동 교수가《삼국유사》를 가지고 강독을 하였다. 사 선생은 무학점 청강하며 수강을 주도하였다. 김 교수는 《삼국유사》의 중요성과 가치를 역설하고 본문을 해석·논의하는데, 우렁찬 목소리와 함께 명강의가 되었다. 가끔 사 선생이 먼저 읽고 해석하면, 김 교수가 보완·설명하는 일도 있었다. 국민학교 때 이정우의 《삼국유사 이야기》를 읽고 느낀 점을 회상하고 지헌영 교수가 그다지 강조하던 보배로운 원전, 김열규 교수가 그만큼 극찬하던 《삼국유사》가 그 원문의 강독에서 실증·실감되었다. '이를 깊이 연구해 보리라.'

그리고 서로를 그리워하면서 편지만 주고받던 약혼자들은 제대 후 서둘러 결혼식을 올렸다. 그해 10월 26일 일요일, 모교 금남국민학교 6학년 때의 교실에서 대충 꾸미고는 결혼식을 올렸다. 주례는 은사 임 선생이요 하객은 양 국민학교의 선생님들, 가족과 친척들, 많은 친구들이 만장하였다.

결혼 휴가가 끝나고 감성국교로 출근하는 안해의 뒷모습을 사 선생은 유심히 바라보았다. 첫째 딸 은경을 낳았다.

그로부터 사 선생은 졸업시험, 졸업논문 등으로 매우 바빴다. 그 시험은 모두가 A학점을 받았고, 졸업논문은 지도교수 김열규 선생의 높은 평가를 받았다. 광산김씨 종손이라는 김광현 씨 고택에서 발견한 《김대비 훈문가》 중에서 〈고유문〉의 연구였다. 새로운 작품의 발굴과 새로운 연구라는 칭찬이 대단하였다.

문리과대학 졸업식이 열리었다. 어머니와 사모님도 참석하였다.

사 선생이 수석 졸업생으로 학장 김순동 교수의 이름으로 상장을 받았다. 어머니와 사모님을 모시고 기념사진을 찍었다. 어머니는 기쁨을 참느라 표정이 어색하였다. 그 안해 김 선생은 근무로 집에서 기다리다 축하하였다. 수줍어 말없이 미소 짓는 것이 고작이었다.

"나 수석 졸업하고 학장상 탔어!"

"잘했어요. 축하해요."

우는 목소리였다. 눈물이 났다.

학장 김 교수님이 추천하여 사 선생은 대학원에 무시험으로 합격하였다. 그다지 바라던 대학원생이 되었다. 여기서부터 학자의 길이 열린다고 했다. 강전섭이 함께 공부하게 되었다. 둘이서 장암지 선생님을 찾아뵈었다.

"그래 잘했네. 대학원부터 학자의 길이 시작되는 거야!"

이어서 학자의 길, 학문의 길을 역설하시고 '책 사요, 공부해요'를 되풀이하였다. 그리고 심각한 표정으로

"사 군은 지금부터 국문학개론과 국문학사를 저술하겠다는 목표로 노력하게."

그대로 명령이었다. '자네만은 할 수 있어.'

"예, 명심하겠습니다."

사 선생은 비장한 각오를 하였다.

그해 가을 도수희와 함께 교복을 입은 채, 서울대학에서 열리는 전국국어국문학학술대회에 참석하였다. 참으로 대단하였다. '도전해 보자.'

국민학교 교사 자격증을 가지고 일반대학을 나오니 중등학교 2급

정교사 자격증이 나왔다. 사 선생은 금남국교 때를 회상하며 가능하면 중등 교사를 하고 싶었다. 다행히 대전동중학교의 요청으로 학과장이 추천하여 발령을 받았다.

부인 김 선생이 목동국교로 전근되어 학교 근처로 이사를 왔다. 만삭이었다. 둘째 딸 민경을 낳았다.

동중학교에 근무하면서 국어 시간에 열강을 하였다. 처음에는 조용히 시작하여 열정이 나면 웅변조로 소리가 높아졌다. 복도에까지 들리었다. 노 교감이 복도로 순행하다가 그 소리를 여러 번 들었다. 쉬는 시간에 사 선생을 불렀다.

"사 선생, 열심히 하는 건 좋은데, 그리 소리치면 선생의 건강에 해롭고 애들도 주의 산만해서 안 돼요. 조용조용히 간곡하게 가르쳐야 합니다!"

경고하는 것이 분명했다. 금남국교 홍 교장의 충고가 떠올랐다.

"예, 조심하겠습니다."

불만스럽게 생각하였다. '열심히 하는데 어쩌란 말인가.' 그래도 처음부터 소리를 낮추어 간절하게 하다가도 열이 나선 소리가 높아지는 것은 어쩔 수 없었다. '못 말리는 사람.' 그래서 학생들은 사 선생을 존경하고 따랐다. 잘 가르친다는 여론이 생기었다.

대학원 학점을 다 따고 석사 학위 논문까지 통과하였다. 논제는 「김대비 훈문가의 연구」였다. 학부 때의 〈고유문〉이 실린 원전, 순조비 순원왕후가 나이 어린 헌종을 도와 섭정할 때, 고유문을 내리며 화조가 외 3편의 가사를 지어 백성에게 읽혔다는 것이다. 여기서는 그 가사에 역점을 두어 그 작품이 내방가사라 규정하고 서울·

기호지방에도 내방가사가 제작·유통되었다고 논증하였다. 그동안 내방가사는 영남지방의 전유물이라고 학계의 공인을 받았는데, 이것이 그 학설을 깨뜨리는 획기적 논문이라 했다. 심사위원은 지도교수 김열규 선생, 교내 교수 김형기 선생, 외부교수로 저명한 연세대 김동욱 박사였다.

김 박사가 이 논문을 심사하고 그 내방가사 문제에 주목하여, 임의로 다음 국어국문학 학술대회에서 발표하도록 신청해 놓고 사 선생에게 연락하였다. 그 학회의 주동적 임원이었다.

"사 선생, 그 논문, 오는 추계 국어국문학 학술대회에서 발표하도록 신청해 놓았으니 잘 준비해서 발표하세요."

이것은 실로 충격이요, 감동이요, 영광이었다. 이로써 학자로 등장하기 때문이었다.

마침내 그날이 왔다. 이번에는 연세대 대강당에서였다. 전국의 학자들이 다 모인 듯 그 넓은 자리가 꽉 찼다. 정말 대단하다. '여기서 발표를 하다니.' 겁이 났다. 기도하는 심정이었다. '기왕에 하는 것 겁낼 것 없다. 소신껏 해 보자.' 어느새 차례가 되었다. 발표는 처음부터 웅변이었다. 논제는 「기호지방의 내방가사에 대하여」였다.

"이 값진 내방가사는 영남지방에만 있는 전유물이 아니라, 서울을 중심으로 기호지방을 통하여 영남지방 내지 전국적으로 유통되었으리라 추정됩니다. 확신해도 좋습니다. 어디 영남지방 교수님들 반문해 보세요!"

기고만장하여 소리쳤다. 오만한 일이었다. 그러나 열정이 넘쳐 어쩔 수 없었다. 아무 반문이 없이 그 논문 요지만 보고 있다. 어느 누가 박수를 치니 모두가 웃으며 박수를 쳤다. 사 선생은 영웅이 된 것 같았다. 모두가 달리 보는 것이 분명했다. 김 박사를 찾아가니 '참 잘했다'며 손을 잡아 주었다. 옆에 앉았던 중진 회원 김열규 교수가 '참 놀랐네, 내 예상대로네' 하며 어깨를 두드렸다. 김완진 교수는 빙그레 웃으며,

"논문 발표는 웅변이 아니야! 그것만 고치면 이제 학자가 된 거야!"

흐뭇한 표정이었다. 사 선생은 하늘을 날 것 같았다.

돌아와 삼광중학교에 근무하는 도수희를 만나 어문연구회를 결성하자고 합의하였다. 조종업 선배와 강 선배, 강전섭 등과 합력하여 지 선생님을 회장으로 모시고 학회 설립을 정식으로 합의하였다. 그동안 교육계에 진출한 김용구 등도 동참하였다. 대전문화원에서 창립총회를 열고 그 기념으로 제1회 학술발표회를 개최하였다. 1963년 가을이었다. 지헌영 선생이 뜻깊은 축사와 함께 「향가 연구의 제문제」로 시범을 보이고, 조종업 조교가 석사 논문 「고려 시론 연구」, 사 선생이 석사 논문 그대로 「김대비 훈문가 연구」를 발표하였다. 좋은 평가를 받았다.

오전 수업을 하고 나니 노 교감이 사 선생을 불렀다.

"사 선생, 그동안 열심히 가르치더니 우수 교사로 평가가 났어. 더구나 대학원 석사도 하고…."

"아이, 부족한 제가 뭐 그리, 감사합니다."

"그래서 말인데, 이번 대전 상고에서 우리에게 우수한 국어교사를 보내 달라고 요청이 와서, 사 선생을 추천하려고 해! 어때, 가겠어?"

"예, 제가 가겠습니다. 감사합니다."

같은 동아학원이었다. 대전 상고에 올라가 부임 인사를 하고 국어를 가르치는데 낯설지 않았다. 충대 영문과 선배 안 선생의 추천으로 도서관장이 되었고 전공에 따라 '고전문학'과 '국문학사'를 가르치게 되었다. 처음부터 대학강의식으로 열강하였다. 학생들도 족히 이해하고 좋아하며 따랐다.

어문연구회가 점차 발전하는 가운데, 사 선생은 그 학술발표회 때마다 왕성하게 발표하였다. 그 논문을 대전상고 교지 『청원』에 「향가 작자에 대한 신고찰」 등 3편, 『어문연구』에 「〈안락국태자전〉의 연구」와 「《월인석보》의 형태적 연구」, 『한국언어문학』에 「〈목련전〉 연구」 등 3편을 게재하고 그 발췌본을 유명한 학자들에게 일일이 보내 주었다.

불심이 강한 강 선배의 권유로 행원 스님이 이끄는 서울달마회에 입회하여 대전달마회를 조직하고, 대전상고 학생과 대전여상 학생을 중심으로 달마학생회를 만들어 가르쳤다. 사 선생의 전공 분야인 불교문화·예술·문학 등을 알기 쉽게 재미있게 열강하였다. 학생들과 신도들이 좋아하며 따랐다. 가르치면서 오히려 많은 공부가 되었다.

그 무렵부터 책을 사 모으는 데 돈을 아끼지 않았다. 국어국문학 분야, 불교문화·예술·문학 분야, 고전문학·고소설 필사본 등을 마구 사들였다. 우선 셋방의 안방에다 꽂아 놓기 시작했다. 안해가 직장이 있어 살림을 하니까, 사 선생은 봉급을 거의 다 쓸 때도 있었다. 그래도 안해는 아무 말이 없었다. '정말 착하고 진실하구나!'

안해가 신흥국교로 전근이 되어 대전상고와 중간 지점인 대동으로 이사를 했다. 군수를 지냈다는 선비네 집의 사랑채 '보문재'였다. 안해가 만삭이다가 셋째 딸을 낳았다. 온 집안이 처가까지 아들 낳기를 바랐는데 또 딸이었다. 사 선생이 섭섭하여 안해의 손을 잡고
"여보 당신도 섭섭하지! 이놈 다시 남자로 바꿀 수 없을까?"
"그러지 마요. 잘난 딸 하나가 못난 아들 열보다 낫대요. 두고 봐요."

엄마가 착하고 진실하니까 '진실'이라 이름하였다. 신심이 깊은 안해가 달마회에 나가 그 설법을 맡은 법인 스님에게 '진실행'이란 법명을 받았다. 그러니 진실행이 진실이를 낳은 격이 되었다.

어머니가 속이 불편하다 하여 진찰해 보니 식도암 말기라 수술할 수도 없다는 것이다. 맛있는 것 먹고 푹 쉬라고 하였다. 시한부 생명, 죽을 날만 기다리라는 말이었다. 안해는 놀라고 사 선생은 비통하여 속으로 울면서 아버지와 함께 어머니를 고향 큰형님 댁으로 모셔 드리고, 그 윗방에서 몸부림치며 대성통곡하였다. 사랑으로 낳아 기르시고 어렵게 가르치신 어머니, 불효만 하다가 효도 좀 해보려니까, 그대로 가시다니, 스스로 죽어 마땅할 일이었다. 얼마후 돌아가셔, 선산에 모시고 오니 마음 둘 길이 없었다. 그러나 처자식이 있다, 할 일이 있다, 더 잘하리라 굳은 결심을 하였다.

반가운 일이었다. 같은 학원의 실업초급대학의 국어 강사로 임명되어 강의에 열중하였다. 이듬해 1968년 1학기부터 충남대학교 교양학부 국어 강사가 되었다. 얼마나 다행하고 영광스러운지, 그

강의에 열성을 다하였다.

　소제동 과수원 땅을 사서 어렵게 새집을 짓고 이사를 하니 얼마나 기쁜지 세상을 다 얻은 것 같았다. 안해가 만삭이 되어 넷째 딸을 낳았다. 정말 아들이라 기대했는데 실망이었다. 문경이라 이름하고, 남동생을 보라고 머리를 깎고 남장하여 길렀다.
　사 선생이 대전상고의 과중한 수업과 두 대학의 열강 등으로 폐 질환의 진단을 받았다. 심각하였다. 그러나 비장한 각오를 하고 의사의 처방대로 치료하며, 매일 새벽에 '제발 살려 주세요' 기도하였다. 관음보살의 가피로 정말 깨끗이 나았다. 그 의사가 폐 사진을 찍어 보고 '기적'이라 하였다.
　안해가 청양군 목면 문성국민학교로 좌천이 되어, 망설이다가 딸애들 넷을 데리고 이사를 갔다. 공교롭게도 거기는 안해가 출생한 고향 마을이었다. 어머니를 잘 안다는 혼자된 노부인의 집 방에 세로 들어가 도움을 받으며 함께 살았다. 노부인이 진실이와 문경이를 돌보고 은경이는 3학년, 민경이는 1학년이었다. 사 선생은 주말마다 찾아가 안해를 위로하고 딸들을 만났다.
　그 무렵 인연 따라 강 선배와 함께 서울 화계사에 가서 행원스님에게 오계를 받고 대화 끝에 스스로 화두를 지니니, '진공묘유'였다. 이로써 사 선생은 불연을 더욱 깊이하고, 불교문화·예술·문학을 전공하는 운명이라고 믿게 되었다. '그래 이것이 나의 사명이요 행복이요 영광이리라.'

어느 일요일, 갑사의 《월인석보》 목판이 생각나, 도서관 도서위원 나상현 학생을 데리고 대강 준비하여 갑사로 갔다. 주지스님은 외출하고, 나중에 중앙승가대학교 총장을 지낸 사미 종범스님의 도움을 받아 그 목판을 꺼내어 청소하고 정리하여 인출해 보니 《월인석보》 제22권이었다. 차후 《월인석보》의 연구에 도움이 되었다. 도서위원 중에 한 학생이 날마다 열람실에 와서 공부하였다. 하도 기특하여 불러 보니 나중에 보건대학 교수를 지낸 노태조였다. 차후에 처제를 중매하여 결혼시키니, 사 선생의 동서가 되었다. 2학년 1반에 시를 잘 짓는 손종호가 있는데 문예백일장이 열릴 때마다 입상하여 이미 시인이었다. 아끼고 가르쳤더니, 나중에 충남대 국문과를 거쳐 교수가 되어 함께 봉직하였다. 한 반에 처음 들어가 출석을 부르니 오출세가 있었다. '오오, 출세해라' 놀려 댔더니, 나중에 동국대 국문과에 진학하여 동대 경주캠퍼스 고전소설 교수가 되어 고소설학회에서 만났다.

05

대학교수가 되어

1970년 4월 11일 자로 사 선생은 충남대학교 교양과정부 전임강사가 되었다. 여기서부터 교수라 불린다. 김형기 교수 이하 조종업 교수와 도수희 교수의 도움이 컸다. '바다를 만난 거북이처럼 이제 본격적으로 해보자' 다짐이 참 크고 깊었다.

대전으로 나오려던 아내는 금남의 오지 영대국교로 발령이 났다. 마침 만삭이 되어 그만큼 공을 들였기에, 요번에는 틀림없는 아들이라고 믿고 싶었다. 부부가 함께 그리 기도하고 있었다. 그래서 안전한 순산과 육아를 위하여 명예퇴직을 하였다. 성모병원에 가서 낳아 보니 아들이었다. 이게 웬일인가 온 집안이 야단이었다. 복덩이라 '성구'라고 이름하였다.

이제 거칠 것이 없었다. 닥치는 대로 책을 사서 모으고 마음 놓고 공부하며 논문 쓰기에 열중하였다. 학회 활동에 앞장서고 그 학회지에 마구 논문을 실었다. 고전문학, 불교문화·예술·문학을 제대로 하려고 주변의 학회에 입회·활동하였다. 어문연구회와 한국언어문학회는 물론 회장까지 지내고, 고소설학회는 회장을 맡고 있으면서, 구비문학회·민속학회·중국희곡학회, 한국고전문학회·한국한문학회·한국시가학회·한국불교학회 등에서 활동했다. 좀 지나친 것 같았다. 한번은 진단학회 학술발표에 갔더니, 한 노교수가 맨 앞에 앉았다가 축사를 하고서 그 자리에 앉아 모든 발표를 끝까지 경청하였다. 알고 보니 92세의 이병도 박사였다. 존경심을 가지면서 '나도 저렇게 해 보리라' 소망하였다.

사 선생은 일찍이 동국대 대학원 국문학과 박사과정에 학적을 두었다가, 충남대 대학원 국문학과에 박사과정이 신설되자 그 첫 입학생이 되었다. 도수희와 함께였다. 만 4년 만에 문학박사 학위를 받았다. 도수희와 같이하였다. 논제는「불교계 국문소설의 형성과정 연구」요, 심사위원은 송재영 지도교수에, 당대 석학, 서울대 장덕순 교수와 연세대 김동욱 교수, 서강대 김열규 교수, 부산대 김동우 교수였다. 그 논문은 이듬해 1977년 아세아문화사에서 책자로 출간되었다. 지 선생님을 찾아뵈니, 기도하는 자세로 침묵하더니

"자만하지 말고 더 열심히 하게. 제자를 기르는 데, 혈안이 되어야 하네!"

그뿐이었다.

충남대가 대덕 캠퍼스로 이전하면서 사 선생은 부교수가 되어, 국어국문학과 학과장이 되고, 대학원 국어국문학과 주임 교수, 문과대학 교무과장을 맡아 충실하게 근무하였다. 그 후로 연구열이 더욱 높아졌다.

1979년 대만사범대학 연구교수로 갔다. 평소에 존경하던 도문스님께 인사차 갔더니 크게 격려하면서, 거질의《신수대장경》(영인본) 전부와 거금을 주시고, '대만의 불서와 불교 관계 서적을 모조리 2부씩 구매하여 그 일부만 보내달라'고 하였다. 대단한 보조였다.

현지에 도착하여 대만사범대학 국문연구소에 가보니, 이미 충남대 교환교수를 거쳐 온 왕 교수와 심 교수가 있는 데다 충남대 철학과 김길락 교수가 와 있어, 낯설지 않았다. 김 교수를 따라 국제청년활동중심에 숙소를 정하였다. 그로부터 국문연구소에 나가 고명 교수의 치학방법론과 왕화원 교수의 중국희곡론을 수강하고, 나머지 시간에는 학생서국을 비롯한 서점에 가서 필요한 책을 마구 사들였다. 그만큼 공부도 많이 하였다. 책이 숙사에 넘쳐났다. 학기말에 2부로 나누어 1부는 도문스님에게, 또 1부는 본가에, 원로 유학생 이인영 선생의 도움을 받아 배편으로 보냈다. 세관에서 서적상으로 몰려 막대한 세금을 내게 되었는데, 충남대 총장의 보증과 아내의 노력으로 면제되었다.

그곳 교수들과 교류하며 한·중 문화예술을 논의하고 가끔 모여 한 잔 하며 가곡도 부르고 형제의 우의를 다졌다. 시서에 능한 왕중 교수, 갑골문의 권위 오여 교수의 아우가 되고, 성음학의 대가 진신웅 등 교수의 형이 되었다. 왕 교수와 진 교수는 이를 기념하는 시를 지어 써 주었다.

그해 여름방학에 아내가 사 선생을 찾아왔다. 둘이서 대만 사찰 순례에 나섰다. 대북의 고찰, 대중의 명찰, 대남 고웅 대불광산사까지 탐방하여 사찰문화·불교문화를 조사하고 사진 찍었다. 그 불광사에서는 불광산에 불교왕국을 이룩한 고승 성운대사를 친견·대화하였다.

귀국길에 그동안 모은 서적 자료를 배편으로 보내고, 홀가분하게 일본 대판으로 갔다. 그곳 고려사에 머물며 유학 중인 도업스님의 도움으로 그 유명사찰을 탐방, 불교문화를 조사·촬영하였다. 그리고 그곳 중심 서점 거리를 쫓아 불교문화 관계 논저·자료를 있는 대로 구입하였다. 책값이 예상 외로 비쌌다. 그래도 귀한 책을 구입하는 기쁨이 대단하였다. 신간선으로 동경으로 가서 법인 스님의 법인사에 머물면서 구택대학에 유학 중인 이평래 선생의 도움을 받아, 동경 내 명찰과 주변의 고찰을 탐방하여 불교문화를 조사·촬영하였다. 그리고 시내 유명한 서점가에 가서 불교문화 관계의 저서 자료를 마음껏 구매하였다.

불교철학을 전공, 학위를 받은 이 선생은 나중에 충남대 철학과 교수가 되었다. 귀국길 네 개의 책 보따리, 돌처럼 무거워 그 운반이 지옥같이 어려웠지만 오히려 기쁘기만 했다.

그후 부산불교연합회 사상호 회장의 도움으로 인도 불교문화를 탐방하였다. 네팔 불타 탄생지를 비롯하여, 수행·성도지·전법지·열반지 등과 아잔타·엘로라 같은 석굴사원 등 불교유적과 불교문화를 탐방·촬영하고, 델리 국립박물관과 지역 주요 박물관을 찾아 불교유물을 조사, 어렵게 촬영하고, 가는 곳마다 유수한 서점을 찾아 불교문화 관계 영문 서적·도록 등을 닥치는 대로 구입하였다. 귀국길에 사 회장과 동행인의 도움으로 그 무거운 책 보따리를 운반할 수 있었다. 참으로 큰 경험이요 값진 성과였다.

얼마 후에 도림스님이 이끄는 법화정사 법화행자들을 따라 미얀마에 가서, 그 찬연한 사탑과 불교유적을 탐방하고, 그 불교문화를 조사·촬영하였다.

1986년 대만사범대학 교환교수로 갔을 때는 고향 같은 내 세상이었다. 아는 교수들의 환영도 대단했다. 처음엔 부부가 같이 갔는데, 환영 만찬에서 독주를 과음하여 아내의 도움으로 간신히 돌아와 생전 처음 실수했었다. 사대로 목조 2층 3칸을 전용하면서 충남대 급료에 해당하는 월급을 받았다. 한국 유학생에게 한국문학 특강, 한·중문학유통사를 강의하고 사대 대학원생 중 희망하는 학생에게 한국어·한국문학을 가르쳤다.

3개월 후 아내는 귀국하고 대만사대 방문 교수로 온 공주대학교 조재훈 교수에게 방 1칸을 내 주어, 함께 지내며 자제하려던 책 사기가 다시 시작되었다. 그동안 대만에서도 새로운 서책이 많이 나왔고, 홍콩을 통하여 중국의 저술이 유입·신간되었기에, 거의 딴 세상이 되었다. 필요한 책을 많이 샀다. 조 교수는 정말 정신없이 마구 사들였다. 겁이 날 지경이다. 사 선생도 경쟁하듯이 구매력이 발동하니 이제 겁나게 사들였다. 양쪽 방에 산더미처럼 책이 쌓이게 되었다. 어느 날 지진이 나서 책더미가 무너져 그 속에 파묻혔다가 헤치고 나와 문 밖으로 대피한 적도 있었다.

이제는 여유를 가지고 중화민국 중앙연구원에 다니면서 자료를 조사하고 대만에서 열리는 한·중학술회의나 중국희곡학술회의 등에 참가하고「목련 전승의 연구」같은 논문도 발표하였다. 중국어로 논문을 써서 발음을 연습하여 발표하니 무난했다. 질의응답 시에는 힘들었다.

귀국할 때는 큰 짐이 되었다. 조 교수의 짐이 더 큰 것 같았다. 또 그 이인영 선생의 도움으로 배편으로 보냈다. 귀국 후 얼마 만에 세관에 근무하는 조 교수 제자의 도움으로 무사히 통관되어 트럭으로 운반하였다. 그저 즐겁고 자랑스러웠다.

한·중 외교·교류가 활발해지면서, 중문과의 학술여행을 따라 북경외국어대에 50여 일 머물면서, 그 대학 직원 사문치의 안내로 사 씨의 본향 산동반도 청주를 찾아가는 가운데 유명 사찰과 불교유적을 탐방하고 불교문화를 조사, 촬영하였다. 청주 사포촌, 종친들을 만나 그 연원을 확인하고, 차후 한국 종친들과 여기를 방문할 때도 청주와 그 주변의 사찰·불교유적, 청주 박물관의 불교문화 등을 조사·촬영하고 그 서적 자료를 수집하였다. 북경으로 돌아와 저명한 서점가에 가서 불교문화 관계 저술·도록을 많이 구입하였다.

그 후로 아들 성구와 북경의 수도경제대학 연구원 숙사에 50여 일을 머물며 아들은 중국어 공부, 그 문화를 체험하고 사 선생은 《삼국유사》를 정독하며 장르별로 나누어 검토하고 있었다. 이때도 그 유명한 서점가와 북경도서관, 북경대도서관 등을 찾아가 그 문헌자료를 열람·조사하였고 구매하기도 하였다.

여기에 점차 익숙해지면서 북경대학이나 민족대학, 항주대학 등에서 열리는 문화예술계 국제학술대회에 참가하고 기회 닿는 대로 논문을 발표하였다. 「한국의 삼국유사」나 「한국의 강창문학」, 「고려시대의 연극」 등이 그것이다. 이 무렵에 언뜻 그 김기성 소위가 준 육사 교재 《중국어》가 회상되었다. '그는 장군이 되었을까.' 나중에 들으니 소장이 되어 1사단장을 하며 이북의 땅굴을 발견했단다. 아직 만나지는 못하였다.

이어 동국대학교 교환교수로 1년간을 왕래하였다. 매주 올라가 대학원 고전소설 1강좌를 하고는 나머지는 인사동 고서점가를 누비며 도서자료와 필사본 고전소설 등을 구입·수집하였다. 언제나 그 가방은 서책으로 가득하여 무거웠다.

1995년 4월, 문과대학 학장에 당선되니 교육대학원장과 인문과학연구소장을 겸하게 되었다. 학장으로서 국어 과목을 문장 작법으로 교육 강화하고, 나아가 졸업논문제를 부활하여 철저하게 실시·감독하였다. 반대하고 불평하는 교수·학생들이 적지 않았다. 이를 감수·설득하였다. 그리고 각 과별로 연극을 만들게 하여 경연에 붙여 후하게 시상하였다. 여기에는 모두가 호응하여 적극적으로 동참하였다.

그해 가을에 회갑을 맞아, 전국 학자들이 협력하여 기념 논총으로 『한국서사문학사의 연구』를 간행하니 매우 두꺼웠다. 모두가 놀라고 감탄하였다.

 이듬해 여름방학에 실크로드문화 학술조사단을 조직하여 현지를 어렵게 답사하였다. 이때 사 선생은 직접 카메라를 들고 앞장서 사찰이나 돈황석굴 같은 불교유적들을 조사·촬영하였다. 그 결과를 '실크로드 문화 한·중 국제 학술회의'를 개최하고, 그 논문을 수집·편찬하여 『실크로드와 한국문화의 탐구』라는 논저로 간행하였다.
 이 무렵에 중앙인문연구원을 세우고 그 안에 한국문학사연구소와 불교문화연구소를 설치하고, 출판사로 중앙인문사를 병설하여, 그 아내를 사장으로 내세웠다. 중앙인문연구원의 이름으로 광산 김씨 그 후손과 함께 서포 김만중의 생애와 문학에 대하여 두 차례나 학술대회를 개최하였다. 그 발표 논문을 취합·편집하여 두 권의 논저를 내었다. 『서포 김만중 문학의 새로운 탐구』(중앙인문사), 『서포 김만중의 사상과 문학, 그 문화사상의 위상』(중앙인문사) 등이 그것이다.

 선생은 외부 대학교의 대학원에서 초청하여 특강을 하였다. 목원대학교와 한남대학교, 단국대학교·배제대학교·청주대학교·대전대학교 등에서 고전소설을 강의하여 영향을 주었다.
 그리고 외부 기관의 요청으로 충남도지나 대전시지, 대덕군지·연기군지·논산군지 등에 그 지방의 전통문화, 민속과 민간문학, 민요·전설·민담 등을 연구·기술하여 수록하였다.
 정년을 즈음하여 되돌아보니, 만권 장서가 체계적으로 정리되었고, 어문연구 등 학술지에 게재된 논문이 80여 편에 이르고 저서는

『불교계 국문소설의 형성과정 연구』, 아세아문화사, 1977(학위논문).
『한국소설사』, 현대문학사, 1991(공저).
『한국고소설론』, 아세아문화사, 1991(공저).
『불교계 국문소설의 연구』, 중앙인문사, 1994.
『불교계 서사문학의 연구』, 중앙인문사, 1995.
『한국 서사문학사의 연구』(5책), 중앙인문사, 1995(편저).
『당신과의 만남』, 중앙인문사, 1996(아내 김제인 회갑기념문집).

등이었다. 그 제자로는 박사과정만

김동기(건양대학교 교수), 한국고전소설의 신비성 연구
전용문(목원대학교 교수), 여성계 영웅소설의 계통적 연구
황인덕(충남대학교 교수), 불교계 한국민담의 연구
경일남(충남대학교 교수), 고려조 강창문학의 연구
박성석(경상대 교수), 한국무가의 희곡적 연구
서영숙(한남대 교수), 서사적 여성가사의 전개방식 연구
지병규(공주대 강사), 고대 건국신화의 계통적 연구
홍승례(충남대 강사), 고전소설의 출세 주지 연구
박종익(한밭대학교 강사), 고전소설의 통과의례 연구
나인정(금강대학교 교수), 서사문학의 이물교구 연구
유경숙(충남대학교 강사), 조선조 여성제문의 연구
박광수(용인대학교 강사), 팔상명행록의 연구
박병동(충남교육청 장학사), 석가여래십지수행기의 연구
최홍섭(대전예술고등학교 교사), 고승별전의 희곡적 연구

김진영(충남대학교 교수), 고전소설에 나타난 예술요소의 서사
적 기능
홍순일(충남대학교 강사), 판소리 창본의 희곡적 연구
조도현(한밭대학교 강사), 고전소설 유통양상 연구

등이다. 석사과정은 15명이고 교육석사는 10명이었다.

이 무렵 자녀들은 건강하게 학업을 마치고 전공 따라 일하며 결혼하여 잘 살고 있었다. 장남 성구는 충남대학교 국문학과를 나와 서강대학교 석사과정과 연세대학교 박사과정을 거쳐 극작가·연출가로서 중앙대학교 예술대학 겸임교수를 하고, 공연기획사 '사하라자드'를 운영하며 청와대 큰 연희에 공연을 전담해 오고 있다. 이화여자대학교를 나와 방송 작가였던 서혜령과 결혼하여 1남 1녀를 두었다. 장녀 은경은 충남대학교 국문학과를 나와 대전 북중학교에서 교사로 재직하였고, 문학박사 중등교사 심재복과 결혼하여 1남 1녀를 두었다. 차녀 은실은 충남대학교 영문학과를 나와 동대학교 미술학 석사학위를 받고 화가로 활동하고 있으며, 대학교수 손찬식과 결혼하여 1남 1녀를 두었다. 삼녀 진실은 서울대학교 국문학과를 나와서 동대학교 석사와 박사를 받고 중앙대학교 예술대학 교수로 봉직하였고, 서울대와 MIT 대학원을 나온 대기업 임원 주형철과 결혼하여 1남을 두었다. 사녀 문경은 충남대학교 국사학과를 나와 동대학교 석사와 박사를 받고 한밭대학교 강의교수로 재직하며, 대학교수 이정우와 결혼하여 1남 2녀를 두었다. 그래서 아내와 함께 자식들 걱정은 없어 대견하고 행복하였다.

06

오직 사랑과 학문

정년퇴임을 하고 '이제 모두가 내 시간이다. 이제부터 한번 제대로 해 보자.' 사 선생은 정말 허공을 우러러 운명적 결심을 하였다. 실제로 아내를 그만큼 사랑하고 연구에 열중하였다. 그 많은 학회도 정리하여 어문연구학회와 한국언어문학회·고소설학회로 한정하고 기타 잡무를 다 정리하였다.

이제 불교문화 예술·문학, 그 공연·연극을 전공하여 논저를 모색하면서 그 분야의 학문적 부흥을 꿈꾸게도 되었다. 그래서 그 분야의 학회를 조직하게 되었다. 불교문화와 희곡분야의 학회가 그것이다.

사 선생은 지극한 신심으로 강 선배와 함께 자양동 산기슭에 중앙불교회관을 짓고, 대불련 지도교수를 계속하면서 학생들에게 불교문화를 가르치고, 불교대학을 창설하여 불교문화를 열강하였다. 이어 갑사의 주지 장곡스님과 손잡고 시내 시청 부근에 백제불교회관을 세우고 불교문화대학·대학원을 창설하여 불교문화 강의에 열중하였다. 사계 저명한 학자들을 초청하여 특강을 베풀어 많이 배웠다. 그리고 우선 '갑사 문물의 불교문화적 조명'으로 사계 전문학자들과 학술발표를 하였다. 그 사하촌의 뒤풀이에서 불교문화학회를 발기하여 마침내 '한국불교문화학회'를 결성하여 학회장이 되었다. 정기적으로 학술회의를 열고 그 논문을 취합·편집하여 『불교문화 연구』 학회지를 출간하였다.

한편, 희곡문학에 관심과 조예가 있는 교수들과 협의하여 충남대학교 인문대학 대형 강의실에서 '고전희곡학회'를 결성하고 학회장이 되었다. 부회장은 박진태 교수요, 총무는 김진영 교수였다. 정기적으로 학술발표를 진행하고 『한국 고전희곡 연구』를 매년 출간하였다. 박 교수가 학회장을 이어 받으면서 '공연문화학회'로 개칭하고 학회지도 『공연문화 연구』로 바뀌었다.

이후로 그 백제불교문화대학·대학원 학생들을 장 국장과 함께 인솔하여, 국내외 저명 사찰을 탐방하였다. 국내는 물론, 태국의 명찰과 캄보디아의 앙코르와트, 중국의 관음성지 보타 낙가산, 문수성지 오대산, 지장 성지 구화산 등의 사찰과 불교유적을 앞장서 조사·촬영하였다. 그 후로 종친회 대표들과 본향 청주를 방문할 때 그 부부만 3일 먼저 출발하여 북경에서 그 유명한 운강석굴을 찾아가서 그 많은 석굴을 거의 다 조사·촬영하였다.

3일 후 북경역에서 합류하여 청주에 가서도 또 다른 명찰을 찾아 조사·촬영하였다. 청주 지역을 중심으로 산동반도의 불교문화는 백제시대부터 서해안 지역, 충남지역의 불교문화와 활발하게 교류하였다.

이렇게 연구하고 집필하기 6년 만에 칠순기념 논문집으로 『한국희곡문학사의 연구』 6권(편저)을 비롯하여 저술전집을 간행하였다.

부인 진실행의 칠순을 맞아 기념문집으로 『진실암을 찾아서』까지 출간하였다. 2006년 중앙인문사에서 간행하였다. 저술전집 목록은 다음과 같다.

    불교계 국문소설의 연구
    불교계 서사문학의 연구
    불교문화학의 새로운 전개
    한국문학의 장르론과 방법론
    한국문학 유통사의 연구 Ⅰ~Ⅱ
    한국고전소설의 실상과 전개
    한국공연예술의 희곡적 전개
    월인석보의 불교문화학적 연구
    백제권 충남지방의 민속과 문학
    백제 무령대왕과 불교문화사
    한국 서사문학사의 연구 Ⅰ~Ⅴ(편저)
    한국희곡문학사의 연구 Ⅰ~Ⅵ(편저)
    우란분재의 불교문화사(편저)
    진실암을 찾아서
    사찰탐방과 불교문화
    학문과 문학의 만남
    학문생활의 도정

충남대학교 인문대학 문원강당에서 출판기념회를 열었다. 많은 축사와 찬사를 받았다.

그 무렵에 유명한 소설가가 심청이 남경 장사 선인들에게 팔려가 해변 용궁정에서 매춘하고 나아가 그 연안으로 이어지는 유흥지에서 매춘업을 일삼다가 늙어서 귀국하여 비참하게 죽었다는 내용의 소설이 유명세를 탔다. 이에 격분한 〈심청전〉의 애호·전공자로서 소설은 소설로 대적하리라 생각하고 고전소설을 전공한 저력으로 《심청황후》 전 3권을 창작해 냈다. 심청이 민족의 성녀·여성영웅·관음보살 같은 미모와 권능을 갖춘, 이상적 제국의 황후로 그려 냈다.

몇몇 불교계 유지들과 합의하여 중앙불교대학원을 설립하고 시내 건양대학교 건물을 빌려 개강하였다. 원장이었다. 많은 인재들이 모이고 저명한 불교문화 전공 교수들을 초빙하여 가장 수준 높은 강의를 계속하였다. 거기서 많이 배우고 강의하면서 터득한 결과로, 사 선생은 『불교문화학의 새로운 과제』(중앙인문사)를 저술·출간하였다. 그리고 그 강사와 학생들의 불교산문을 모아 『연꽃으로 피어나리』(중앙인문사)를 간행하였다.

그 만권 장서를 충남대학교 도서관에 기증하게 되었다. 원래는 기증받지 않는 방침이었는데, 두 사서가 그 장서를 와서 살피고는 관장과 상의하여 특별히 받았다. 그중에서 그 전공 논저에 필요한 도서 자료와 유관 도록은 본인이 연구를 마친 후에 기증하겠다고 약정하였다. 그 도서관 기증도서실 첫 번째로 진열되어 있다. 그 도서목록을 충남대도서관에서 간행하였다.

07

그 비극을 극복하고

　아내가 감기가 심하여 충남대 병원에 갔더니 놀랍게도 폐암 말기라고 어쩔 수 없다는 것이다. 얼마 남지 않았으니 마음의 준비를 하라고…. 이렇게까지 참고 있었던가. 청천벽력이었다. 아내는 다 알고서도 오히려 태연하였다. 일단 집으로 왔다. 둘이서 침대 머리에 앉아, 기막힌 미소를 지으며 아무 말이 없었다. 남편이 가곡을 부르니 아내도 따라 불렀다. 합창이었다.

　죽음을 기다리는 충남대 병원 병실로 입원하였다. 선생의 팔순 기념 어문연구학회 학술대회를 앞두고 있었다. 12월 28일이었다. 아내가 웃으며

　"걱정 마요. 내 그때까지 살아 줄게!"

　대단한 다짐이요 축하의 뜻이었다. 그 행사를 무난히 마치고 다음 해 2014년 1월 14일, 아내 진실행은 79세로 '아버지한테 잘 해라'는 유언을 남기고 편안히 떠났다. 선산에 안장하고 49재를 지내니, 선생은 허전하기 이를 데 없었다.

　"진실행, 그대는 허공·극락으로 갔는가. 허공이라면 한번 찾아

가 보리라."

　혼자서 라오스 여행을 떠났다. 비행기를 타고 허공을 나르며 찾아봐도 만날 길이 없었다. 라오스가 불교국가라 명승 사찰만을 찾아서 구경하며 그 불교문화를 조사·촬영하고 왔다.

　그 이듬해 5월에 제자 김진영·노태조 등이 그 팔순기념으로 어문연구학회와 충남대학교 도서관의 공동주최로 그 기증한 도서 중에 고전소설 필사본 403권의 전시회를 열었다. 10일간이었다. 그러면서 이 제자들이 각기 그 필사본을 연구하여 선생의 팔순기념 논문집으로 『필사본 고전소설의 연구』(역락)를 출판하였다.

　그 이듬해 진실이가 중진 교수로서 왕성한 학문·저술 활동을 벌이며 한국공연문학회 부회장을 하는 중에 지병이 재발되어 51세로 돌아갔다. 자양초등학교와 한밭여중·성모여고까지 전체 1등과 반장을 하고, 수능시험 문과 대전·충남 수석에 서울대학교 국어국문학과에 합격, 학사·석사·박사를 하고 중앙대 교수에 오르기까지 이 부부에게는 열 아들 부럽지 않은 희망이요, 행복이요 자랑이었다.
　그러니 선생의 비통함이 어떠하였겠는가. 그러나 결코 이성을 잃지 않았다. 선생의 비통함이 어떠하였겠는가? 지도교수 당대의 대학자 조동일 박사가 조문을 와서 애통해 하는 것을 오히려 위로하였다. 염하기 전에 그 이마에 이마를 대고 대성통곡하고 그 치솟는 비통을 뼈아픈 시원으로 돌리었다. 장례를 치르고 사위가 유고전집 9책을 출판·배포하며 공연문화학회에서 추모기념학술회의와 함께 추모기념논문집을 내는데도 선생의 마음은 안타깝기만 하였다. 그 학회에 감사하면서도 어쩐지 부끄럽고 주저되었다. 포기할까 하는 생각까지 들었다. 나가지 않았다. 그때 그 학회장이던 이창식 교수가 전화로 큰 충격을 주었다.

"사 박사님, 선생님이 창설하신 이 학회요, 사진실 교수가 그 연구의 역군이었는데, 그 뜻을 이루어야지요. 꼭 나오세요."

강력한 명령 같았다. 여기에 그 비통한 서원이 합세하였다. 진실행의 서원도 가세하였다.

정말 힘차게 다시 일어섰다. 평생 꿈꾸어왔던 저서를 준비하였다. 자료 정리에 들어갔다. 우선 자비행사찰순례단에 기대어 전국 저명한 고찰을 찾아서 불교문화를 조사·촬영하여 3년을 계속한 사진을 가지고 그동안 촬영한 각국 각지의 그 사진을 망라하여 《사찰문화 사진첩·도록》을 130여 책으로 만들었다. 그리고는 날마다 여유 있게 열심히 연구·집필하였다. 그러기를 10년 동안 마음에 드는 논저를 적잖이 내었다.

『무령대왕과 백제불교문화사』, 역락, 2015.
『훈민정음의 창제와 실용』, 역락, 2014.
『불교문학과 공연예술』, 태학사, 2018.
『한국의 고전과 공연예술』, 소명, 2018.
『한국의 재의와 희곡문학』, 소명, 2018.
『한국의 희곡과 시대양상』, 소명, 2018.
『삼국유사의 문예양상과 문학의 갈래-그 연행 양상』, 민속원,

2021.

『한국의 사찰과 불교문화의 전통』, 민속원, 2021.

    이렇게 연구 논저를 마감하였다. 그리고 평생의 꿈이던 장편소설 『훈민정음-세종』을 창작하였다. 훈민정음 창제와 실용의 새로운 방향과 불교적 방편이었다.

    여기에, 대전지방의 명사, 충암 김정의 후손 종친회와 그 기념사업회를 조직하여, 그의 생애와 업적을 학술적으로 조명하게 되었다. 그 회장이 되어 3년에 걸쳐 매년 가을에 그의 학문과 사상 그리고 그 문학세계에 대하여 전문 학자들을 초청하여 학술대회를 개최하였다. 충남대학교 충청문화연구소의 협찬을 받았다. 그 결과 논문들을 취합·편집하여 『충암 김정의 사상과 문학세계』를 출간하였다.

08 병마와 벗이 되어

　2022년 10월에 발병하였다. 뇌경색이었다. 뇌경색이 숨골에 와서 매우 위험했는데 자식들의 극진한 간병에 힘입어 천만다행으로 많이 회복되었다. 다만 오른쪽 팔과 다리가 불편하여 여생을 벗하게 되었다. 100일 입원하여 매일 체조·운동하고 기도·정진하였으니 100일 기도라고 생각하였다.

　유성재활병원에 입원 중에 대한불교 조계종 종정이 찾아와 특별외출로 연래춘에서 만났다. 경원스님의 소개로 그 『훈민정음의 창제와 실용』을 읽고 공감하여 불교계의 큰 과제인 '훈민정음의 창제와 실용과정에 바친 불교계의 지대한 공헌'을 주제로 학술대회를 주선해 달라는 것이었다. 이에 선생은 병중임을 잊고, 위 저서나 《훈민정음》과도 일치하는 과제이므로, 즉시 쾌락하고 오히려 감사하였다. 주제명을 '훈민정음 창제와 실용상에서 불교계의 위대한 공헌'이라 정하고 오는 부처님오신날 이전에 통도사에서 열기로 합의하였다. 이에 그 총론을 자담하고, 그 분야를 「국문불경의 문학적 전개」(김진영), 「불경언해와 정음의 유통」(정우영), 「훈민정음과 불교계 서사문학의 전개」(김승호), 「훈민정음 창제와 불교공연예술」(윤광봉) 등으로 정하여 논문 발표를 확정하였다. 여기에 골몰하고 지나치게 열중하니 자식들은 병이 재발할까 염려하였지만 선생은 이게 오히려 재활에 좋은 계기가 되리라 확신하였다.

서둘러 퇴원하여 이제는 출가승처럼 생활·정진하였다. 입원 시기의 일기를 복원하고 날마다 일기를 쓰고 정성껏 기도하며 명상·정진, 밀물처럼 다가오는 신심, '출가 도인, 부처님처럼 살리라.'

그동안 두 번이나 읽은 《화엄경》(탄허현토본)을 두 번이나 더 읽고 《법화경》을 5번이나 독송하면서 눈과 귀가 밝아졌다. 틈나는 대로 허공 청정, 제불법신을 우러러 호흡 명상을 통하여 망상·잡념을 버리고 마음을 맑고 편안하게 해 나갔다. '내가 행복하다면 행복한 것이다.'

안정을 되찾으면서, 2023년 4월 8일 '경산 사재동 선생 구순 출판기념회'를 대림호텔 대연회장에서 열었다. 저서 『삼국유사의 문예 현상과 문학 장르, 그 연행 양상』과 『한국 사찰과 불교문화의 전통』, 『훈민정음』을 내세워 과찬과 격려를 받았다. 그동안의 학연과 친연에 따라 대성황을 이루었다. '그저 감사할 따름이다'라고 답사를 하였다. 축가 판소리 연창을 들으니 희열이 넘쳤다. 평생의 영광이었다.

그 후로 연이어 열리는 한국언어문학회와 어문연구학회·판소리학회·공연문화학회 등에 참석하여 축사와 총평을 하며 내심 고별의 의미를 새겼다.

덤으로 주어진 인생, 이제 어떻게 잘 갈 것인가에 마음을 모아 본다. '생사일여'라 하고 '생사 열반 상공화'라 하였으니, 이 생명 허공과 같이 불생불멸하리라. 기쁘게 가리라.

그런데 사 선생은 점차 회복이 되면서 날마다 화엄경을 봉독하고, 여기서 찬탄·비유되는 허공에 빠져들게 되었다. 이 허공이 바로 생명의 원천으로 우리에게 생명을 불어넣고 잘 살게 하며, 마침내 그 생명을 거두어들이는 무상의 권능, 청정법신이라고 절감하였다. 그래서 이 성전에서 허공을 찬탄·비유로 표현한 장면 전체를 일일이 시적으로 의역하게 되었다. 그러면서 새벽 기도에 독송하는 〈유심안락도〉를 또한 시적으로 의역하였다. 이로부터 그 시 세계를 발견하고 시 세계에서 살고 싶다는 오만이 생겼다.

그리하여 당시에 소장했던 시집을 꺼내어 읽기 시작하고 주변의 시인들에게 요청하여 그 시집을 얻어 읽고, 이어 출판된 유명 시집들을 구독하여 마구 읽었다. 그 아름답고 행복한 세계를 누리었다. 그러다가 가까운 시인들의 말없는 격려에 힘입어, '나는 시인이 아니다'를 전제로 시 같은 작품을 쓰게 되었다. 구십 평생을 회고하였다. 〈믿음의 세월〉, 〈허공에 살면서〉, 〈생애의 단상〉, 〈학문하는 가운데〉, 〈정겨운 산하〉, 〈인연따라〉 등을 주제로 짧고 응축된 글을 써내니 이를 묶어서 시집으로 내자는 것이다. 그래서 평생 처음이자 마지막으로 시집이자 잡문집 『인문학은 행복학이다』를 출간하기에 이르렀다. 여기서 사 선생은 그동안에 써낸 인문계 논설과 소논문, 저서에 들지 않는 인문학 논문, 저서 이후에 쓴 그 논문들이 생각났다. 이를 수집하고, 여기 학계에 남기고 싶은 과제 몇 가지를 소논문으로 다시 써 보태어 하나의 저서 『한국문학의 외연과 인문학적 탐구』로 출판하기로 결정하였다. 이에 제자들이 서둘러 『경산 사재동 선생의 생애와 학문세계』를 저술하여 함께 출판키로 했다. 병마에 시달리면서 놀지 않고 정진하여 이만한 성과를 내니 '죽을 때까지 정진하겠다'는 선생의 열정적 소망이 이룩된 것이라 하겠다.

제2부

경산 사재동 선생의 학문 세계

1. 문예저서의 서문과 학문 세계
2. 전공저서의 서문과 학문 세계
3. 전공편저의 서문과 학문 세계

01 문예저서의 서문과 학문 세계

경산 선생은 국문학자이면서 인문학자이다. 그래서 고전문학의 장르와 작품의 비평과 논증을 통해 그 의의와 가치를 구명하는 일에 집중해 왔다. 하지만 연구자로서의 감식안을 확보하기 위해서는 분석적인 시각 못지않게 창작적인 능력이 요구된다. 창작을 통해 문학의 구조와 표현, 그리고 주제와 사상 등을 파악할 수 있기 때문이다. 실제로 경산 선생은 제1부의 생애를 통해 알 수 있듯이 초등학교에서부터 대학에 이르기까지 연극의 연출과 극본의 창작 등에 남다른 애정과 능력을 보였다. 그러한 창작 능력이 확대되어 아래의 문예저서로 발현된 것이라 하겠다. 이는 학자에 필적하는 경산 선생의 문인·작가로서의 위상을 보이는 것이기도 하다.

경산 선생의 문예저서는 젊어서부터 학문 탐구 과정에서 빚어진 일들을 신변잡기 방식으로 집필한 글이 있는가 하면, 아내와의 인연과 가족의 일상을 문예적으로 승화한 글도 있다. 그런가 하면 불교 유적을 탐방하면서 불교문화의 가치를 드러내는 감미로운 글도 있다. 이러한 수필의 글을 넘어 마침내 본격적으로 소설을 창작하기도 하였다. 고전소설을 전공한 학자로서, 고전소설을 전통문화로 인식하면서 〈심청전〉을 현대의 장편소설로 새롭게 창작하였는가 하면, 국문문자에 대한 애정을 가지고 훈민정음의 창제와 관련된 극적인 상황을 역시 현대 장편소설로 창작하기도 하였다.

경산 선생의 문예저서 모두를 살필 수 없기에 부득이 그간에 간행한 저서의 서문을 제시하는 것으로 만족하고자 한다. 문예저서의 서문만으로도 경산 선생의 학문에 대한 열정, 문학에 대한 애정이 확인되기 때문이다. 이것은 한편으로 경산 선생의 문인·작가로서의 위상을 드러내는 방편이기도 하다. 문예저서의 서문을 출판연도에 따라 제시한다.

1. 『당신과의 만남』[1]

세월이 참 빠르다는 실감이 짭짤하게 밀려온다. 26·24세의 신혼부부가 벌써 환갑을 넘긴 나이로 온 집 안에 단 둘이 앉아 있기 때문이다. 아닌 게 아니라 애들을 오남매나 기르며 복잡한 생활을 할 때에는, 어쩌다 우리 무인도에 가서 단둘이 단란하게 살아 봤으면 좋겠다고 말하며, 웃은 적도 있었다. 그런데 지금은 정말 애들이 다 커서 가정을 이루고 나가서 단 둘이 되니, 그렇게 법석대던 때가 추억처럼 되살아나면서도 언제나 둘일 수 있다는 흐뭇함은 아직은

---

[1] 중앙인문사, 1997년 5월 8일.

없지 않다. 환갑을 지나면 죽을 준비를 해야 된다는 말이 실감은 나지만, 오히려 인생은 60부터라는 말에 동감하고 싶은 심정이다. 실제로 내 회갑이나 아내의 회갑을 넘기면서, 우리 인생은 지금부터 새 출발이라고 다짐하며 사랑을 되찾았던 게 사실이다.

이러한 우리의 삶을 되돌아보면, 애환과 곡절이 많았던 게 분명하다. 그때마다 고락을 함께하며 슬기롭게 생활하여 대과 없이 지내 온 것이 고맙기만 하다. 현재와 미래로 전개되는 우리의 삶이 중요한 만큼, 지난날의 발자취도 그처럼 소중하다. 그래서 60 고개를 넘어서서 그 발자취를 더듬어 보는 것은 그만큼 당연하고 보람찬 일이다. 가만히 회상하고 우리 둘의 기억을 되살려 합치면, 지난날이 주마등처럼 훤하게 복원되겠지만, 그것은 기실 전체적인 흐름이고 윤곽일 뿐이다. 우리의 자잘하지만 절실했던 생활의 갖가지 단면이 섬세하고 사실적으로 기억되지 않기 때문이다. 그래서 다행한 것은 그러한 고비마다에 일기나 편지, 수양이나 잡문의 형태로 그 현실과 전후수말을 거칠게나마 기술해 놓았다는 점이다.

나는 중학교 때부터 60이 되도록 일기를 쓰는 생활로, 부부간에 떨어져서는 많은 편지를 주고받았거나, 20대의 교직생활부터는 젊은 날의 생각과 느낌을 자발적으로 써내기도 하고, 청탁에 이끌려 써 내기도 하며, 오늘날까지 상당한 분량의 문장을 남기었다. 지금까지 40년 가까이 남겨 놓은 이 문장들은 논문·저서 이외의 잡문으로서 보잘 것은 없다 하겠지만, 나로서나 우리 부부로서는 잊을 수 없고 버릴 수 없는 삶의 진솔한 기록이다. 그것은 최선을 다한 우리 삶의 단면을 그대로 반영하고 있기 때문이다.

이 초라한 글들은 우리 부부생활의 일면이나 애들을 생육하고 출가시키는 과정, 공부한다고 집을 떠나 있을 때의 감회, 서재에서 안해의 잔소리를 들으면서 모색한 잡상, 그리고 학계와 교단에서 활동한 소감 등을 담은 것이다. 그래서 이것들은 안해와 관련되지 않음이 없고, 안해를 겨냥한 바도 없지 않다. 따라서 이 글들은 안해와 더불어 쓴 것이고, 실제로 안해가 직접 쓴 것도 있다. 이런 글일수록 솔직하게 씌었거나 부끄러운 점이 많은 법이다. 더구나 부부간의 관계를 승화시킨답시고 삼불출의 어리석음을 모르는 새에 저지를 수도 있는 것이다. 그래서 30대에 이런 글을 모아 내려다가 참았고, 40대에는 좀 더 생각해 보고 내자 했더니, 50대에는 공개 간행을 유보하자고 묻어 두었던 것이다. 그러던 것이 60대에 접어들면서 되돌아 그 글들을 추억 속에 떠올리며, 못났어도 내 자신인 것처럼 자꾸만 애착이 가기 시작하였다. 비록 그것이 자손이나 후인에게 큰 도움을 못 줄지라도 해독을 끼치지 않는 한, 못난 자식을 추스르듯이 임의껏 편간해야 된다는 생각이 들었다. 그래도 여전히 쑥스럽고 부끄러워 주저하면서 지연시켜 오는 데에는 안해의 만류가 적절히 작용하였던 게 사실이다. 그런데 그 안해가 어언 환갑을 맞아 부끄럽다고 잔치를 안 하고 넘어가니, 뒤늦게 자식들이 안타까워하고, 나도 섭섭하여 무엇인가 다시금 생각하게 되었다. 그래서 본인의 의사와 관계없이, 이들 문장들을 다 모아 편찬·간행하여, '金濟人先生回甲紀念文集'으로 하여 『당신과의 만남』이라고 이름하게 된 것이다. 그래서 우리의 과거를 비밀스러운 것으로부터 부끄러운 것에 이르기까지 드러냄으로써, 생각 있는 분들의 질정과 말 많은 분들의 빈축을 사 보자는 것이다. 말하자면 우리 부부가 공개리에 '공동망신'을 호되게 당하고 개오·각성하여 보자는 뜻이다.

그 내용은 크게 6개 분야로 나누어진다. 첫째는 '우리 어머니'라 하여, 자식들 모두가 그 어머니의 면모를 나름대로 그리며 다시 생각해 보는 글이다. 거기에는 내 제자이며 동서인 노교수 내외의 특별 기고가 포함되어 있다. 둘째는 '당신과의 만남'이라 하여, 나와 안해가 떨어져 있을 때 주고받은 편지다. 부끄럽고 쑥스러운 바가 주로 여기에 있다. 셋째는 '대만에 머물면서'라 하여, 내가 대만사범대학에 두 차례 연구·교환교수차 2년 가까이 있던 기간에 공부도 하고, 자료도 구하고, 구경도 하는 모든 생활의 실상을 일기체로 서술한 것이다. 거기에서 고향과 안해를 그리워하는 유치한 정감이 깃든 것은 제외하고, 조금은 의미 있는 것만을 얼마쯤 고른 것이다.

넷째는 '생각과 믿음의 세월'이라 하여, 그동안의 일상생활에서 평범하게 생각하고 느낀 것과 신앙상의 여러 문제를 내 마음대로 풀어낸 글이다. 차라리 그때그때 하고 싶었던 진솔한 이야기가 자유롭게 나타난 것이 아닌가 한다. 다섯째는 '대학과 생활 속에서'라 하여, 내가 대학 강단에서 교수하면서, 학문과 관련된 생활 속에서 학생들을 위하고 동료들과 관련되어, 소감과 소신을 그대로 적은 글들이다. 조금은 거창하고 교훈성이 드러나 진정한 설득력이 부족할 것이다.

여섯째는 '서재에 앉아서'라 하여, 학술논문의 초고나 계획서 정도로 문장화한 것이다. 이것은 흔히 말하는 서재수필(書齋隨筆)인데, 주로 젊은 시절의 약문적 열정으로 휘갈겨 써낸 글이다. 지금 생각하면 가관인 것도 있고, 버리고 싶은 것도 있다. 그러나 그 시점에서는 의미가 있는 데다 그 후 본격 논문으로 확대·승화된 것도 있어 파기하기가 어려웠다. 비록 그중에는 지금의 견해와 달라진 것이 있다손 치더라도, 그것이 내 학문의 기반이요. 역사이기에 결코 부정할 수는 없었던 터다. 다만 전체의 분량이 좀 많아서, 위 첫째~셋째의 내용과 넷째~여섯째의 그것을 대분하여 두 책으로 묶으려 할 뿐이다. 그래서 먼저 첫째 권을 내놓고, 다음에 무게를 더하여 둘째 권을 내기로 한다.

이렇게 하여 다양하고 혼잡한 그 내용이 허술하고 알맹이와 값어치가 없다손 치더라도 나는 이 책을 세상에 내놓으며 안해에게 선물로 주어, 우리의 생애를 확인·반추케 하련다. 이 계제에 나는 삼불출이 된 것을 전제로, 안해에게 난생 처음으로 감사의 뜻을 표한다. 보잘 것 없이 까다롭고 괴팍하고 잘난 체하는 남편을 내조하여 오늘에 이르고, 자식들을 정성으로 길러 가르쳐 배필을 만나게 하며, 아들의 결혼을 전제하면 모두 10명이 다 제자리에서 제 몫을 다 하고 있다. 그들은 셋째 사위가 컴퓨터공학의 인문과학적 연구를 지향한다면, 모두가 인문과학을 공부하는 학도·박사들이다. 이처럼 인문과학, 국학을 연구하는 한 가족을 형성·발전시키는 안해의 공덕에 보답하는 길은 우리 가족의 이름으로 '명예문학박사학위'를 바치는 일이다.

끝으로 축필을 주신 현동사형과 축시를 지어 주신 한문석 선생께 감사하고, 이번 일을 추진 완결한 자식들. 또한 이 내용을 교정한 최홍섭·박병동·박광수·김진영·홍순일 등 강사·원생, 나아가 이 책을 편집·간행한 중앙문화사 대표에게 두루 고마운 뜻을 표하고 싶다.

2. 『학문과 문학의 만남』[2]

그런대로 공부하며 글을 쓴다고, 놀지 않고 일한다며 지낸 온 세월이 길다면 길고 짧다면 짧다. 그렇게 장담하고 시작한 일이 어언 50년이나 지났으니, 눈 깜빡할 사이인 것 같아 짧기는 하지만, 따지고 보면 결코 짧은 시간이 아니기 때문이다. 그러나 분명한 것은 아무리 발버둥 쳐도 황혼기에 접어들고, 마무리 단계에 들어섰다는 점이다. 모두들 늦가을의 추수처럼 무엇인가 크고 작은 것을 거두고 갈무리하는데, 이제 겨우 『學問과 文學의 만남』과 『學問生活의 道程』 자매편을 편간하니, 여러모로 감회가 새롭다. 그간의 학문적 도정을 되돌아보아 잘 잘못을 참회하고 새삼스레 평가받는 기분이 들기 때문이다. 그래도 자위되는 것은 그동안 공부하고 가르치는 일을 멈추거나 게을리하지는 않았다는 사실이 은근히 입증된다는 점이다.

일찍이 문학을 연구하느냐 창작하느냐 고민한 적이 있었고, 연구하면서 창작하고 창작하면서 연구한다는 이상만을 생각한 때도 없지 않았다. 이것은 이론적으로는 그럴듯하지만, 실제적으로는 여의치 않은 게 분명하다. 어느 정도 상식적 수준이나 교양적 차원에서는 얼마든지 가능한 것 같지만, 막상 정공으로 들어가자면 양쪽

---

[2] 중앙인문사, 2006년 10월 3일, ISBN 8989442095 03810

을 다 둔화시키는 함정일 수도 있었기 때문이다. 이 무렵에 아주 대단하고 무서운 학자를 스승으로 모시고 편달을 받는데, 그분은 학문지상주의자로서 인문학·국학의 열정적 개척자였다. 남아로 태어나서 학문에 신명을 걸고 후세에 길이 남을 값진 논저 1권만이라도 남기면, 그 어떠한 재산보다도 낫고 자손만대의 영광이 되리라고 열변하며, 그대로 실천해 보였다. 그러한 주창과 수범은 젊고 순진한 가슴에 각인되어 그대로 뒤따르고, 때로는 한술 더 뜨는 경우도 있었다. 전공에 관한 책이나 자료를 보고도 구득하지 못하면, 송신증이 나고 죄의식을 느끼기도 하였다. 한때는 논문 이외에 잡문을 쓰는 것은 분명한 외도라고 믿으면서, 그대로 실천하게 되었다. 그러기에 그 스승 특유의 '불굴의 학문정신'과 '학문은 열정이다'라는 명제를 그대로 실현하려는 것이 당시의 과업일 수밖에 없었다. 그 무렵에는 전공학회가 언제 어디서 열리든지 쫓아가서 발표를 듣고 비평적 반응을 일으켜야만 되었다. 그 스승은 또한 학문의 생명이 비판과 참신에 있다고 강조하며, 기존 학설을 진신하는 것은 죽은 학문이라고 역설하였다. 더구나 남의 공들인 논문을 표절하는 것은 용서받지 못할 도둑질이라고 엄히 경고하였다. 그 분은 꼭 필요한 논문만 올바로 쓰라고 강조하며, 앞장서 수범하였다. 나아가 그분은 어떠한 경우든지 연구대상을 다양한 방법을 통하여 입체적으로 접근·조명하는 이른바 '종합과학적 방법론'을 정립·적용하여 논문을 혈서 쓰듯이 써 나갔다.

  나는 이러한 학풍과 방법론을 계승하여 논문을 여러 편 얽으면서, 그 스승을 의식하고 부담도 느끼고 고민도 한 적이 적지 않았다.

어느 단계까지 그 스승은 나의 졸고를 가져오라 하여 빨갛게 고쳐주고, 문장을 거문고 줄처럼 팽팽하고 아름답게 쓰라고 충고하였기 때문이다. 여기서 논문도 그 문장 자체는 문학적이어야 한다는 사실을 확인하게 되었다. 좋은 논문은 문장이 좋아야 한다는 그 분의 지론이 점차 실감으로 다가왔다. 그동안의 통념으로 학술논문은 으레 현학적이어야 하고, 따라서 문장은 한자어 중심으로 난해해야만 어울린다는 식의 문장관이 지배적이었다면, 나로서는 작지 않은 변화를 겪을 수밖에 없었다. 이러한 과정에서 내 논문 문장은 문학과 만남으로써, 조화를 모색하였기 때문이다. 그리하여 『불교계 국문소설의 연구』로부터 『불교문화학의 새로운 전개』·『한국공연예술의 희곡적 전개』에 이르기까지 10여 권의 논저를 간행하게 되니, 그 문장이 통일된 일관성을 갖추지 못한 것은 사실이다. 이로부터 나의 학문세계는 문학을 수용하면서, 문학세계로 전개되는 계기가 마련되었던 것이다.

언제부터인가 나의 전공이 한국고전문학임을 확인하면서, 이 방면의 전문적 논문 이외의 여러 가지 강의·강연을 하게 되고, 그런 문장을 자주 쓰게 되었다. 그것들은 대체로 학문의 연장선상에서 문학적으로 표현될 수밖에 없었다. 따라서 그것은 학문의 문학적인 전개이면서, 동시에 그 문학을 수용하는 자연스러운 만남이었다고 본다. 기실 내 전공에 대한 요약이나 설계, 해설·논설, 답사·기행 등을 문학적으로 표현한 것들이나, 이 전공의 확대로서 방법론적 주변학문·보조과학 내지 예술·문화, 교육·생활 전반에 걸친 관심을 문학적으로 표출한 것들은 모두 학문과 문학의 만남에서 얻어진

작품들이다. 어쩌면 이러한 학문과 문학의 만남이 하나로 조화되면서 상승 작용을 했는지도 모른다. 이처럼 오랜 세월의 학문적 도정에서, 본격적인 학술논문 이외에, 보고 느끼고 체험한 바를 적은 학문적 문학작품들을 망라하여 묶어 낸 것이 위 자매편 1책이다.

이 『學問과 文學의 만남』의 내용은 대략 이러하다. 먼저 '평범한 생각들'에서는 정말 평범한 생각을 진솔하게 표현한 작품들을 모았다. 진리는 평범하다고 했던가. 일찍이 존경하는 어른이 '평범한 진리를 실천하는 사람이 되라'고 말씀하신 것이 가끔 떠올라, 정말 평범한 마음으로 담담하게 써 낸 것들이다. 다음 '생활의 그림자'에서는 일상생활 가운데 가까운 사람들과의 인연이나 인정을 그린 글들을 망라하였다. 어쩌다 정겨운 일이나 다정한 생각들이 내 몸의 그림자처럼 그렇게 지워지지 않는 상황을 나름대로 표출해 놓은 것들이다. 그리고 '大學과 생활 속에서'에서는 대학에서 공부하며 가르치는 가운데, 각별히 느낀 것이나, 학생들에게 하고 싶은 말들을 시의에 맞게 써 낸 글이 주류를 이룬다. 대학 생활을 하다 보니, 그 시기와 처지에 따라, 대학 당국이나 학생들에게 몇 마디 하지 않을 수가 없어, 거의 의무적으로 쓴 것일 뿐이다. 나아가 '학문과 학연을 따라서'에서는 정말 학자 교수로서 그래도 부끄럽지 않게 연구한답시고 활동하던 시절 작은 열정을 다스리고, 학연을 따라서 정성껏 배우던 기억을 되새긴 글들을 뽑았다. 학문은 열정이라 했던가. 내사 이런 열정이 이어지지 않았던들, 그런 학연이 두텁지 않았던들 어찌 되었을 것인가. 실로 다행스럽고 고맙게 회상하는 내용의 것이라 하겠다.

끝으로 '깊은 인연을 되새기며'에서는 실로 깊은 인연에 따라서 여러 계기로 써 보인 평전이나 애도문, 그리고 비문 등을 가려 뽑았다. 실로 인연이란 소중한 것이다. 선배나 동학의 회갑·고희·정년을 위한 문집에 그 행적을 찬양·입전한 글, 은사·선학·선배·혈족의 돌아가심을 애도한 글, 모교·누정이나 숭모각 등의 기념비문, 선학·선배·동학·혈연의 추모비문 등이 다 포함되었다. 말미에 자작시 10여 편을 실었다. 나는 물론 시인이 아니다. 그래도 평생의 일상 속에서, 산문 생활 중에서도 이따금 간절한 생각이 일어나 은근한 시심을 일으킬 때에 진솔하게 생각이 일어나 은근한 시심을 일으킬 때에 진솔하게 적어낸 것이다. 이것들은 이른바 시로서 성립될지는 몰라도, 나로서는 아까워 버릴 수가 없었다.

이와 같이 이 책은 전체적인 체계가 엉성하고 개개 작품도 부실한 것이 사실이다. 그러나 여기에는 우리의 산문학 장르가 다 포괄되어 있는 것만은 분명하다. 기실 이것은 그동안 방치했던 못난이들을 늘그막에 다시 만나는 감회를 자아내고, 나의 생애 중 생활사의 뚜렷한 증거로서 참회와 책임을 요구하는 경외감을 일으키기도 하는 터다. 이에 스승님이나 부모님의 은덕과 동학 선후배 학자들의 격려·협력에 새삼스러운 감사를 드린다. 나아가 평생의 반려 진실행의 내조를 되돌아보며, 이번 저작집을 편간하는 데에 협력하고 교정해 준 학문하는 제자들과 자식들, 특히 사은경 부장에게 감사하고, 나아가 이러한 책을 흔쾌히 간행하여 준 중앙인문사 김제인 사장에게도 고마운 뜻을 표한다.

3. 『학문생활의 도정』[3]

회고하건대 대학·대학원 과정에 학문을 한다고 결심할 이래 끊임없이 노력해온 지 어언 50년이 넘는다. 그동안에 강의를 위한 학문적 연찬이나 국내와 학회활동, 도서자료의 수집, 국내외 불교문화 학술답사, 동하계 방학 때마다 입산수도하며 논문·저서를 모색하는 데에 열정을 바치던 시절이 회상된다. 그럴 때마다 기존의 학문적 업적을 기리기도 하고, 날카롭게 비판도 하였다. 그러면서 수많은 논문을 설계하고 나름대로의 논문을 써 내었다. 그러면서 그 때그때의 상황을 일기식으로 기록하기도 하고, 논설·소논문 식으로 써 내기도 하였다. 이제 그동안의 이런 문장·작품들을 총정리하여 『학문생활의 도정』으로 『학문과 문학의 만남』의 자매편으로 간행하니, 감회가 새롭다 힘겹고도 보람찼던, 내 행복했던 학문생활의 표정이 생생하게 되살아나기 때문이다.

이 『學問生活의 道程』의 내용은 대략 이러하다. 먼저 '학문적 업적을 기리며'에서는 우리 학회의 학술연구발표회에서 동참하여 격려한 몇 편의 글 이외에는 모두가 학문적 업적 그 저술들에 대한 서문·후기들을 망라한 것이다. 기실 오랜 학연을 따라 은사·선학·동학의 기념논문집 및 문집이나 몇몇 창간 학회지, 그리고 후배·제자·자신의 학문적 저술에 붙인 간행사·서발 등이 고작이다. 이 글들은 성격상 학술적 서평이나 긍정적인 평가와 함께 찬양과 격려

---

[3] 중앙인문사, 2006년 10월 3일, ISBN 8989442109 03810

에 역점을 둘 수밖에 없었다. 그런데도 이 전체를 통하여 그 시대의 학문적 흐름을 파악할 수는 있을 것이다. 다음 '학문활동·학술조사'에서는 내 개인적인 학문활동과 학술조사에서 느낀 것을 적은 글들을 모았다. 학문생활의 도정에서, 어쩌다 보면 특히 기억이 남는 일들이 벌어지게 마련이다. 거기에 따르는 어렵고 힘겨운 일, 즐겁고 기쁜 일들이 있어, 그냥 기록한 것을 뽑아낸 것에 불과하다. 그리고 '학회활동의 발자취'에서는 내 전공과 유관한 여러 학회의 학술발표회에 동참하여 견문한 소감을 적은 글들을 뽑아 놓았다. 역시 학문하는 사람은 전공 학회에 반드시 입회하여 그 학술연구발표회에 열정적으로 동참해야 된다. 그 전공의 첨단적 이론과 실제가 그런 학회의 연구발표 현장이나 그 학회지에서 번뜩이고 교류되기 때문이다. 내사 유관 학회라면 무조건 입회하여 그 학술회의 때마다 거의 다 참가하여 그 성과와 소득을 점검·기록한 바가 있거니와, 여기서는 그 의미가 짙은 것만 골라 본 것이다. 끝으로 '학술논문(學術論文)의 설계(設計)'에서는 문자 그대로 내가 전공 분야에서 설계해 본 학술논문의 개략을 뽑아 보았다. 그 자료를 모으고 독파·검토하다 보면, 거기에는 재론의 여지가 있고, 새로운 논문을 계획할 가능성도 나타나게 마련이다. 이러한 과정에서 열정적으로 세워 본 여러 학술논문의 설계가 그만큼 소중한 것이다. 그중에서 점차 연구·보완된 것이 바로 본격 논문으로 완성되기 때문이다. 이러한 설계도는 많지만 그 가운데 일단 글로 써서 공개한 것만 가려 놓은 터다.

    이와 같이 이 책은 전체적인 체계가 엉성하고 개개 작품도 부실한 것이 사실이다. 그렇지만 이것은 그동안 방치했던 못난이들을 늘그막에 다시 만나는 감회를 자아내고, 나의 생애 중 생활사의 뚜렷한 증거로서 참회와 책임을 요구하는 경외감을 일으키기도 하는 터다. 이에 스승님이나 부모님의 은덕과 동학 선후배 학자들의 격려·협력에 새삼스러운 감사를 드린다. 나아가 평생의 반려 진실행의 내조를 되돌아보며, 이번 저작집을 편간하는 데에 협력하고 교정해 준 학문하는 제자들과 자식들, 특히 노태조 교수와 사은경 부장에게 감사하고, 나아가 이러한 책을 흔쾌히 간행하여 준 중앙인문사 김제인 사장에게도 고마운 뜻을 표한다.

4. 『진실암을 찾아서』[4]

전생의 인연이런가, 어려서부터 친가·외가의 불연을 따라, 내사 불교적 성향을 은연중에 갖추고 있었던가 보다. 대학시절 한국고전문학에 접근해 가면서, 그 속에 깃든 불교사상을 유심히 살피게 되었고, 혹독한 군무를 극복하고 심신을 다스리는 가운데, 안심·평정의 종교적 상념을 잠심하게 되었다. 어느덧 복학하고 불경 관계 강의를 듣다가 '일체유심조(一切唯心造)'를 실감하고, 나아가 신심을 일으켜 오계를 받았을 때는, '진공묘유(眞空妙有)'의 설법을 들어 마음에 새기기에 이르렀다.

이어 전공이 고전문학으로 확정·추진되었을 때, 거기에 내함된

---

[4] 중앙인문사, 2005년 3월 23일, ISBN 8989442079 02840

불교사상을 탐구·파악하는 데에 역점을 두게 되었고, 따라서 불교이론을 공부하고 불교신앙을 심화시킬 수밖에 없었다. 문학이론은 물론, 불교이론과 불교신행을 겸비하지 않고서는 결코 소기의 성과를 원만히 성취할 수 없었기 때문이다. 마침내 문학과 불교를 상승적으로 합일·조화시켜 이론과 실제를 겸수해 나가니, 그게 바로 불교문학의 경지였던 것이다. 기실 문학이야 원래 일관된 전공이기에 줄기차게 나가는 것이지만, 불교야말로 자학자습하고 신행·실수해야만, 겨우 그 균형을 잡아 갈 수가 있었다. 그리하여 불교이론·불교사 등을 구독·독파하고, 고승들을 찾아 설법을 들으며, 산사를 찾아 '모의출가'를 거듭하는 데서, 그 전공은 점차 진척·심화될 수가 있었다. 그러기에 불교문학을 정공함에 있어, 문학을 탐구하면 불교공부가 진전되고, 불교를 탐구하면 문학공부가 진전되어 일거양득의 실리를 챙기는 길이 열렸던 터다. 기실 학문과 종교를 아울러 상장시키는 '전공의 이익과 행복'을 함께 누리게 되었다. 그 덕분으로 불교문학 관계 전공논저를 5권이나 내게 되었고, 그 개념과 영역 내지 연구방법론이 학계나 불교계에 점차 알려지게 되었던 것이다. 여기서 불교문학의 실상과 위상을 정립하였을 뿐만 아니라, 그것의 예술적 연행과 문화적 전개를 확대·파악하는 방법론을 설계·제시하는 데까지 나아갔다.

 이러한 인연으로 필자는 불교계의 요청과 자발적인 신념으로 불교학생회를 조직·지도하고 불교청년회에 협조·후원하며, 여러 신도단체에 동참하거나 이를 선도하게도 되었다. 이러한 대중적 포교·교화의 도량으로 산사나 학교 이외의 불교회관을 건립하는 불사에도 가담하고, 그러한 도량에 교양불교대학을 설립하여 지식인·교양인을 모아 불교의 현대화·지성화·생활화를 강조·교육하는 일에도 앞장설 수밖에 없었다. 이런 데서 기회 있을 때마다 그들과 더불어 산사에 들어가 수련·정진하는가 하면, 언제 어디서든지 교양불교·생활불교 차원의 법담을 하였고, 불교언론·잡지 등에 나름대로의 다양한 글을 써 내기도 하였다. 여기서 착안·설계된 것이 가장 효율적인 포교방법론이었다. 그래서 문학적 포교와 예술적 포교, 그리고 문화적 포교 등이 불교 전체를 포괄하면서 신도 대중에 가장 절실히 파고들 수 있는 대방편임을 확인하게 되었다. 그리하여 포교문학을 중심으로 포교예술의 실상과 포교문화의 전개를 중대시 않을 수 없었다.

이러한 과정에서 이른바 불교문화학을 모색하게 되었다. 원래 불교, 대승불교는 철두철미 문화로써 존재하고, 문하로써 표현되고, 문화로써 기능한다는 게 통설이다. 이러한 관점에서 불교문화는 불교 전체를 포용하고 표현하여 활용하는 것임에 틀림이 없다. 그러기에 이들 불교문학·불교예술·불교문화 등을 유기적이고 입체적으로 체계화하는 것이 불교문화학이라 하겠다. 이처럼 사찰을 원형·현장으로 한 불교문화가 찬연·풍성한 실상을 유지하고, 한국문화사를 이끌어 온 위상을 정립하는 등 그 일체를 학술적으로 조명하기 때문이다. 이로써 불교문화학의 개념과 범위를 확정하고, 그 연구방법론을 모색하는 가운데, '한국불교문화학회'를 결성·활동하고, 그 성과를 학회지 『불교문화연구』로 거듭 묶어 내게 되었다. 이러한 작업과정에서 앞장섰던 책임으로, 이 방면의 논고 여러 편을 내고, 이를 수합하여 『불교문화학의 새로운 전개』 등 몇 권을 편간하기에 이르렀던 것이다.

　이러한 학문적 도정 40여 년에 걸쳐 여기저기 실린 졸고 중에서, 논저로 펴낸 것 말고, 자유스럽고 부담 없이 써 낸 것들을 다시 모아 다듬어서 『진실암을 찾아서(불교문화산책)』로 간행하니, 실로 감회가 새롭다. 여기저기 숨겨 두었던 못난이들을 늙어서 다시 만나는 기쁨과 함께, 지난 학문·신행생활의 증인을 불러드린 두려움도 없지 않기 때문이다. 이로써 내 인생을 마무리하는 단계에서 평생을 회고·참회하는 심정이 앞서는 터다. 이 책의 내용을 보면 대강 이러하다.

　우선 불교에 입문한 이래, 오랜 믿음의 세월 속에서 여러 가지 불연을 맺고, 나름대로 대소 불사에 동참하거나 관여한 일들을 되돌아본 다음, 불교적인 현실 문제들에 대하여 의견을 붙여 모았다. 이어서 그동안에 산사를 찾아 머물면서 생각하고 느낀 것을 되새겨 보고는, 불교와 불교문화에 대하여 학문적 관심을 가지고 다양한 측면에서 접근하여 본 것이다.

　이와 같이 이 책은 체계가 엉성하고 각개 작품은 부실한 것이 문자 그대로 불교문화산책이 되었다. 그러나 이렇게 모으고 보니, 열 손가락이 다 아프듯이 모두 소중하고 귀엽다고 '팔불출'의 넋두리를 할 수밖에 없다. 이것들이 하나 같이 '진실(眞實)'을 지향하고 있기 때문이다. 그렇다 아무리 부족하고 시원찮은 것들이지만, 모두가 그 진실을 합창하니 깊은 뜻이 샘솟는다. 누가 뭐라든지 어떻게 보든지 평생을 진실하게 살자는 삶의 지표가 은은히 밝혀지기 때문이다.

이제 일생의 반려를 진실하게 내조해 온 진실행을 다시 생각한다. 언제이든가 세속을 떠나 조용히 공부할 수 있는 산사를 찾아 헤매다가 한 밤중에 진실행이 기다리는 환한 집으로 돌아와 이곳을 '진실암'이라 이름한 적이 있다. 이 진실암의 주인을 진실행으로 내세워『진실암을 찾아서』를 써 낸 인연을 상기하고, 이 책의 제목으로 삼았다. 그래서 이 책을 진실행의 고희기념으로 바치고자 한다. 이번 저작집을 내는 데에 적극 협조하고 교정해 준 제자들과 자식들에게 고마운 뜻을 표하고, 이런 책을 선뜻 간행해 준 중앙인문사 사장에게도 감사할 따름이다.

5. 『심청황후』[5]

우리 〈심청전〉은 단순한 고전소설이 아니다. 이 작품은 고전소설 중에서도 가장 빼어나고 전형적인 '소설 중의 소설'이기 때문이다. 적어도 이 〈심청전〉은 전통적인 민족문학의 보전이요 민중문학의 금자탑이다. 따라서 이 작품의 주인공 심청은 유구한 역사 속에, 고금 서민 대중의 가슴속에 살아 움직이는 구원의 여인상이요 희생적 효행과 순연한 자비로 각인된 불멸의 성녀상이다. 그러기에 불법으로 보면 심청은 검푸른 고해를 극복하고 청정한 법해 위에서 찬연하게 피어난 한 떨기 우주적 연화요, 고해 중생을 온갖 방편으

---

[5] 중앙인문사, 2010년 새해를 맞으며, ISBN 9788989442226

로 구제하는 신통 자재한 관세음보살이라 하겠다. 물론 이 작품에서는 심청이 그저 왕후나 황후로 표상되고 있지만, 실은 그 이상의 여성영웅으로 승화되어 있는 것이다. 그래서 이 작품은 '심청'으로 대표되어 국내외에 오랫동안 널리 알려지고 유통·연행되는 가운데, 가위 민족문학의 자랑이요, 민족문화의 영광으로서 자자손손 끊임없이 계승·발전할 명작 중의 명작임에 틀림이 없다.

그러기에 이 〈심청전〉은 문화사상 커다란 '심청전승'이 되어 그 유통·연행의 범위가 국내를 중심으로 국제성을 띠게 되었다. 따라서 이 작품은 심청의 이름으로 소설 자체로서 필사본·목판본·활판본 등 수많은 문헌적 이본을 확보하여 왔고, 그것이 구비화되어 심청설화·심청가요 등으로 전개되는가 하면, 장르상으로 소설에 기반을 두고 시가·수필·희곡 등으로 변용·발전한 게 사실이다. 이러한 문학적 전개과정으로 〈심청전〉의 현대적 재창작이 쏟아져 나왔으니, 그것이 소설형태를 중심으로 시가나 수필·희곡 등으로 행세·유통되어 그 대중적 영향력을 과시해 왔던 터다. 나아가 이 심청전승은 그 유통과정에서 연행·공연의 방편을 타고 민중적 전파력을 확장시켜 나갔으니, 그 판소리·창극·연극, 음악극이나 각종 연희 중의 삽입극, 영화 내지 만화와 동영상 등으로 그 영역을 급속도로 확대해 오고 있다. 따라서 이 심청전승의 큰 흐름을 분야별로 연구하는 작업과 그 업적들이 그 뒤를 따르게 되었다. 이 작품의 문학적 연구를 중심으로 예술적, 공연문화적 연구가 새롭게 등장하고 그 문학사적 위치와 문화사적 위상을 파악하는 논의들이 성세를 보이면서 마침내 '심청전 내지 심청전승의 연구사'가 성립되기에 이르렀다.

이러한 〈심청전〉이나 심청전승 그 작품 자체의 발전적 전개나 그 연구업적들의 공통적 노력은 한결같이 그 문학·예술적 실상과 가치, 그 문학·문화사적 위상을 올바로 파악하는 가운데 심청의 효녀상 내지 여인상·성녀상, 보살상·왕후상 등 여성영웅상을 가장 효과적으로 부각시키는 데에 최선을 다했다는 점에서, 그 뚜렷한 특징을 보여 왔다. 기실 이러한 전통과 흐름은 시공을 초월하여 민족적으로 체질화되었고, 난공불락의 구조적 불야성을 구축하고 있는 실정이었다.

그런데 최근에 원로·중진으로 손꼽히는 유명 작가 몇몇이 이러한 전통과 흐름의 불야성에 획기적인 도전을 감행하였다. 그들은 비록 소수이지만, 그동안 확보한 그 작품들의 대중적 호응도와 지지 세력을 의지하고, 그 소설 창작의 역량을 과신한 나머지, 현대소설의 통속적 흐름과 창작의 무한 자유, 그 엽기적 소재와 기발한 수법 등에 편승하여, 고전소설의 전통적 전형과 공고한 가치체계를 획기적으로 파괴하는 전도된 창작품을 내어놓아, 성희적 인기를 끌고 있는 실정이다. 그리하여 그들은 위와 같은 심청이 공양미 300석에 몸을 팔고 중국 해안의 용궁정에서 매춘하는 창녀로 전락하고, 그나마 조선의 젊은 장사치에게 구제되어 귀국하다가 해적 떼를 만나 짓밟혀 만신창이가 되는 비참한 추녀로 정신없이 헤매는 꼴로 묘사한다. 나아가 그들은 심청이 몸을 팔아 중국 고령 장자의 화초첩이 되고 그 아들의 연인이 되는가 하면, 그 대가에서 벗어나 자유롭되 파란만장하게 매춘하다가, 나이 들면서 중국·일본·대만 등지에 걸쳐 성 매매업을 경영하는 유능한 포주로 활동한다. 더구나 그들은 심청이 한 때는 유명 외국인사의 현지처로 복지사업도 벌이다가 결국에는 성매매 본업으로 돌아가 비참한 최후를 조선에서 맞이하는 전형적인 매음녀로 부각시키는 터다.

　이러한 일련의 작품은 매춘적 소설로 그 능숙한 구성과 사실적인 묘사로써 독자 누구에게나 짜릿한 쾌감을 안겨 줄 수 있는 침투력이 막강하다. 그러기에 기존의 심청이 창녀·포주의 나락으로 곤두박질하고 썩어 문드러지는 천지개벽에서 악마적 쾌감을 만끽할 수도 있겠다. 따라서 이런 성희적 작품이 일시적 호응과 음성적 자위에 값하는 본능적 쾌락을 찾아 날개 돋친 듯 팔려나갈 수도 있었다. 그래서 그들은 이렇게 〈심청전〉-심청전승과 심청의 진실·진가를 가차 없이 파괴하고 매매하여 막대한 수입을 얻었을 것이다. 이런 점에서 〈심청전〉은 그 강력한 도전을 받아 심각한 위기에 처하였다고 우려하지 않을 수 없다.

　결코 이것은 아니다. 그것은 일시적인 오입행위에 머물 수밖에 없다. 그것은 이 〈심청전〉이 오랜 세월 민족문학·문화사의 이름으로 민중에게 심어 놓고 기르며 지켜 온 그 진실과 진가가 용납하지 않고, 고금 내외에서 〈심청전〉을 지켜보며 성장 발전시킨 모든 사람들이 용인하지 않기 때문이다. 오히려 그 작가들은 거대한 반작용의 역습을 당할 수밖에 없다. 기실 〈심청전〉 같은 명작을 한바탕 뒤집어서 그 엄청난 충격을 역이용하려는 계책이었다면, 이제 그 사실이 들어나 막대한 역공을 당하는 처지를 면치 못하게 될 것이다. 만약에 춘향이나 사정옥을 창녀·포주로 그리는 신작소설을 내었다면, 그 충격과 함께 남원군민이나 광산김씨 종인들의 반격은 상상을 초월할 것이었다. 그래서 언뜻 보기에 뚜렷한 임자가 없는 〈심청전〉을 그 희생양으로 삼았다면, 그것이야말로 큰 오산이었다. 실로 〈심청전〉의 임자는 우리 민족이요 온 국민이라 그 반격의 역량이 상상외로 클 것이기 때문이다.

물론 능력 있는 작가의 경우, 소설 창작의 자유가 무제한으로 보장되고, 고전소설의 재창작에서도 무소불위의 보도를 확보하고 있는 것은 분명하다. 따라서 그들이 소설 창작의 필요에 따라 최저의 통속성, 야합·성교·매음 등을 마음대로 휘두른다 해도 누구든지 시비할 수가 없고 시비할 필요도 없다. 소설은 윤리교과서가 아니기 때문이다. 그러나 역사적으로나 민족적으로 확립·각인되어 있는 효녀·열녀·성녀 등을 국제적인 창녀나 포주로 변모·타락시키는 일은 결코 있을 수 없다. 그것은 소설의 자유를 빙자한 문학적 폭거요 문화적 파괴이기 때문이다. 문학·예술이 최후로 지향하는 바가 그 무엇인가. 무슨 방편을 다 써서라도 마침내 그 인간적 진실과 예술적 가치를 부각·승화시키는 숭고한 작업이 아니던가. 그런데 이러한 불멸의 민족적 여인상을 철두철미 파멸시키는 일이 이 세상 어디에서 일어날 수 있는가.

그동안에 고전소설을 공부하면서 이 〈심청전〉에 관심을 게을리하지 않았다. 이 작품의 주제와 사상, 그 구조와 구성 그리고 문체 표현, 그 문학적 가치와 소설사·문학사상의 위치까지 살피고, 그 다양한 이본과 유통 상황, 나아가 그 예술적 연행 양상과 공연예술사·문화사상의 위상까지 검토하여 보았다. 이런 과정에서 이 〈심청전〉 내지 심청전승이 21세기 문화시대에 상응하여 계승·발전하는 방향과 방법론까지도 전망해 보면서 실로 민족문학적 자부심과 희망에 부풀어 있었다. 그러던 차에 위와 같은 작품이 유명한 작가의 인기 있는 소설로 간행·유통되었으니, 참으로 커다란 충격을 받으면서 민족문학적 울분을 토하기도 했다. 어찌 보면 스스로 가소로운 언행을 보인 것 같아 부끄럽기도 했다. 그래서 이런 비판은 민중·수용층의 몫이요, 민족문학·문화사의 문제라고 무관심하려고도 했던 것이다. 그러나 세월이 흐를수록 새로워지는 상념, 그 대단한 소설가들의 그 작품들이 엄청난 파괴력으로 유구한 한국문학사와 예술·문화사 상에서, 심청이 세워 놓은 이상적 여인상, 빛나는 보살정신, 효녀·열녀·성녀 등의 자긍심·희망성을 송두리째 말살해 버리는 참담한 현실에 직면하게 되었다. 그래서 알 만한 사람이 무관심하다가는 그 시대적 죄인임을 면할 수 없다는 그 자각적 분발심으로 마침내 결심하였다. 우리만이라도 이러한 사건에 직접 대응하리라고. 그러나 이를 비평계에 끌고 들어가 논전을 벌이기도 마땅치 않았고, 이를 굳이 학계에 펴놓고 왈가왈부하기도 번거로운 일이었다. 그리하여 우리도 소설 작품을 써서 민족문학사에 물어 보면서 민중·수용층의 심판에 맡기기로 하였다. 우리가 그동안 생각하고 논의하고 구상하고 설계한 모든 것을 다 모아 최선을 다하여 써낸 것이 바로 이 《심청황후》다.

　우리는 전문적인 소설가는 아니다. 우리는 처음으로 소설을 썼으니, 인기 있는 작가는 더욱 아니다. 그러나 우리는 그동안 〈심청전〉을 전공한 학자로서 이 작품의 원형·원본을 재구하는 차원에서, 이 작품이 새로운 문화세기에 심청의 이상적 여인상, 민족적 성녀의 진실과 가치를 가장 장엄하고 풍성하게 부각·승화시키는 최상의 경지에 이르도록 열정과 정성을 바쳐 재창작한 것이다. 우리도 이런 작품을 쓸 수 있는 자격과 자유, 의무와 사명 등을 복합적으로 절감하면서 전통적 구상과 현대적 표현을 조화시켜 최선을 다한 결과라 하겠다. 이제 우리는 이 작품에 대한 금후의 평가에 관계 없이 자족하면서, 그동안 등장했던 모든 이본적 작품들에 대하여 일체의 시비를 다 거두어 드린다. 크게 보아 그 모든 작품들은 〈심청전〉-심청전승의 거대한 흐름에 변증법적으로 기여한 소중한 성과들이기 때문이다. 우리의 이 작품도 이 〈심청전〉-심청전승의 도도한 흐름에 작은 작품이 되기를 감히 바랄 뿐이다.

6. 『연꽃으로 피어나리』[6]

먼저 우리 중앙불교연합대학원을 졸업한 원우회에서 불교시문집 『연꽃으로 피어나리』를 그 기념으로 출간하게 된 것을 매우 뜻깊은 일이라 생각하고 축하하여 마지않습니다. 이 원생들이 불교와 그 문화에 관하여 체험하고 깨달은 것을, 이번 대학원의 연찬·수련 과정을 통하여 각자의 능력에 따라 좋은 작품으로 연꽃처럼 피워내었기 때문입니다.

원래 우리 졸업생들은 이미 불교적 기반과 저력을 갖춘 중추적

---

[6] 중앙인문사, 2011년 3월 7일, ISBN 9788989442325 03810

불교인으로서 큰 서원을 세우고 불교지도자·불교문화지도사로 거듭나기 위하여 이 대학원 과정에 들어왔습니다. 여기서는 불교·불교문화에 대한 총체적인 마무리 교육이라는 목표·방침에 따라, 불교사상과 불교문화, 불교복지 등에 걸쳐 충실한 교과과정을 편성하고 법력 있는 학승들과 권위 있는 교수·강사들이 그 강의를 전담하여 왔습니다. 따라서 원생들은 그 수강·연수에 최선을 다하는 한편, 고승·대덕의 특별법문을 경청하고 함께 명산 고찰의 불교문화를 탐방·관찰하면서 현장 연수를 수행하였습니다. 나아가 원생들은 포교방법과 포교문학을 공부하고, 포교실습과 포교경전을 통하여 전법사·불교문화지도사의 연수과정을 성실하게 마쳤습니다. 그런 과정에서 우리 원생들이 전법사의 입장으로 적절한 주제를 선택하여 대중설법을 실시하면서 그 교재·자료로 불교시문을 작성하게 된 것입니다. 그때 이 원생들의 불심과 그 능력이 놀랍고 원만하게 발휘되었으며, 그 문장력은 예상을 뛰어넘었습니다. 그런 시문을 수합하여 서로 수정·보완하고 정성껏 다듬어서 연꽃으로 피어 올린 것이 바로 이 불교시문집입니다.

　이 시문집을 편집하는 과정에서 그 강의·지도에 임하였던 고승·석학들이 그와 같은 명문을 주시어 더욱 빛나게 되었고, 우리 원생들이나 그와 같은 전법사들의 시문에 하나의 전범을 보여 준 것입니다. 이만하면 이 불교시문집이야 말로 불교문학계나 포교계 등 어디에 내어놓아도 아무런 손색이 없으리라 믿습니다.

　이 불교시문집은 이 혼잡하고 어려운 세상에 연꽃으로 피어났습니다. 이 시문집은 전체적으로 내용이 좋고 광범위한 데다, 그 문장

표현이 다양하고 진솔하여 그 불교법문 내지 불교문학의 진가를 드러내고 있습니다. 그 편집도 '새로운 세계의 관조', '도심, 그 진리의 세계', '마음먹기에 따라서는', '올바른 신행으로', '기도에는 영험이', '꽃보다 아름다운 인연', '한 생각 바꾸어 행복하기', '사원, 그 연화세계를 찾아서', '불교의 당면 과제', '불심을 아름답게 읊조리고' 등 10개 주제별로 일목요연하게 정리되어, 읽거나 이용하기에 대우 편리합니다. 특히 그 작품들의 작자가 경칭이나 직함을 밝히지 않고 순연한 법호·존함만 말미에 적은 것은 죄송하지만, 불법 아래서는 모두가 평등하다는 하심의 의미가 담겨졌습니다. 이만하면 불교문화계나 포교계에 작으나마 기여하는 바가 있으리라고 봅니다.

다시 한 번 이 불교시문집의 간행을 축하하고, 이 시문을 지어낸 우리 원생들의 노고를 치하하며, 여기에 옥고를 실어 주신 고승·석학 여러분께 깊은 감사를 드립니다. 여기에 축간사를 써서 격려해 주신 총재스님과 이사장님께 사의를 표하고, 이 책자를 내는 데에 협력한 원우회 회장단과 좋은 책을 만들어 준 출판사에 고마운 뜻을 전합니다.

7. 『훈민정음』[7]

다 아는 말이지만, 지금 우리 문화의 모든 것은 국문으로써 찬연

---

[7] 오늘의문학사, 2022년 10월 9일, ISBN 9791164932542 03810

하게 빛나고 있다. 21세기 문화시대에 우리 문자는 세계 문자사에서 가장 높은 수준으로 재평가되고, 우리의 문자생활, 국문문학·예술이 세계적으로 발전하여 영광을 누리고 있는 게 분명하다. 실제로 이러한 영광은 하늘에서 떨러진 행운이 아니라, 훈민정음의 창제·실용 이래 파란만장한 과정을 통하여 꽃피고 빛나게 되었다. 이러한 고금의 관통을 흔히 훈민정음 발달사라거나 국문문화사, 국문문학·예술사의 찬연한 자취라고 하는 것은 너무도 당연하다. 그러기에 이 훈민정음으로부터 국문문화, 진정한 민족문화가 형성·전개되었다고 보아야 옳다.

현재 국문문화·예술의 영광을 누리니 이를 근원적으로 확인하기 위하여, 그 정음문자 그 창제·실용의 과정을 주목·탐구해야 된다. 말이 쉽지, 파고들면 그것은 파란만장한 역경을 헤쳐 온 터다. 그것은 당시 한자 문화에 젖어 있는 지식층과 무지한 백성과의 문자전쟁 내지 문학·예술 전쟁이나 다름이 없었기 때문이다. 이러한 과정에 적어도 15세기 영웅적 군왕과 그 휘하 역군들의 공로와 승리의 업적이 뚜렷이 빛나고 있다.

그리하여 많은 학자나 문사들이 그 과정을 다양한 각도에서 탐구·발굴해 온 것은 사실이다. 실제로 이에 대한 논리와 작품이 많이 나온 것은 실로 다행하고 바람직한 일이다. 그런데 그 대부분은 합리적이고 타당하지만 그 일부는 상식에 흐르거나 제대로 보지 못한 점이 있어 안타까웠다. 이에 동참하여 평생 국문문화, 국문문학·예술을 연구한답시고, 나름대로 『훈민정음의 창제와 실용』을 내기도 하였다. 이것으로 만족할 수 없는 것은 물론이다. 지금 생각하니 부족한 게 너무도 많다.

　새삼스럽게 훈민정음이 아니었다면, 진정한 우리의 문자생활, 문화활동, 그 문학·예술은 어쩔 뻔했나, 곰곰이 생각하니 실로 눈물겹다. 위대한 훈민정음, 그 창제와 실용과정을 소설로 쓰게 되었다. 적어도 그것이 생동하는 정음문자사, 국문문학사와 예술사를 복원하는 일이라고 확신하였기 때문이다.

02
전공저서의 서문과 학문 세계

　경산 선생은 국문소설의 형성 문제로 박사학위를 수득하였다. 그래서 학문적인 토대는 서사문학과 고전소설이라 할 수 있다. 하지만 경산 선생은 학문 도정의 초기에서부터 산문문학에 국한하지 않았다. 운문문학은 물론이고 운문과 산문의 교직에서 파생된 강창을 비롯한 연행문학으로까지 연구영역을 확장하였기 때문이다. 그래서 경산 선생은 서정, 서사, 극양식 모두를 연구하는 고전문학자가 되었다. 여기에서 그 외연을 더 확장하여 문화와 예술을 문학연구의 방편으로 삼기도 했다. 그러한 결과 연구 분야가 인문학, 문화학 전반으로 확대되기에 이르렀다. 이는 문학이 유통과정에서 인접 인문학과 관련되고 더 나아가 문화예술과 혼효되었기 때문이다. 살아 움직였던 고전문학의 실상에 부합된 연구 방법을 모색하다 보니 종합문화학적인 관점을 견지하게 된 것이다.
　전공저서를 통해 본 경산 선생의 학문 세계는 넓고도 깊다. 향가와 고려가요는 물론이고 가사와 무가 등의 연구에서는 서정장르에 대한 성과를, 불교소설과 국문소설의 연구에서는 서사장르에 대한 성과를, 연행문학과 공연문화의 연구에서는 극장르에 대한 성과를 다양하게 거두었기 때문이다. 그뿐만 아니라 문학 연구의 효율성을 제고하는 과정에서 문화와 예술적인 성과도 축적될 수 있었거니와 지역의 민속과 문학, 예술과 문화에 대한 성과도 다양하게 확인된다.

경산 선생은 문학의 각 장르에 대한 연구를 넘어 문화와 예술에 이르기까지 연구영역을 확장하였다. 이는 경산 선생이 국문학자에 국한되지 않고 인문학자와 문화학자로 활동한 것이기도 하다. 전공 저서의 서문도 출판연도의 순서에 따라 제시한다.

1) 『불교계 국문소설의 연구』[8]

내가 고전소설(古典小說)을 공부하게 된 것은 결코 우연한 일이 아니었다. 어려서부터 옛날얘기를 그다지 좋아하여 외할머니를 얼마나 졸라댔는지, 야단을 맞고도 또 해 달라고 떼를 썼던 기억이 생생하다. 소년이 되어서도 마침 인근에 강담사(講談師)처럼 인기가 높던 외할아버지의 얘기책 읽는 소리를 거의 빠뜨리지 않고 들었다. 친가에 가서도 겨울밤 얘기책을 읽고 들으시는 할아버지와 할머니 곁에서 혼자만 초롱초롱 그것을 지켜보고 다 들었다. 나이에 걸맞지 않게 사랑방을 찾아가 얘기책 읽는 것을 밤늦게 듣다가 어른들한테 꾸중을 듣기도 하였던 것이다.

---

8 중앙문화사, 1994년 11월 9일.

그래서 일찍부터 나는 작은 이야기꾼이 되었다. 친구들끼리 모여 얘기판이 벌어지면 어느새 내가 큰 소리를 쳤고, 집안에서 부모님이 일부러 얘기판을 벌리면 내가 의기양양하게 지껄여 귀여움을 독차지하였다. 국민학교 시절 우리말을 되찾은 감격으로 국어시간에 옛날얘기나 고전소설을 배울 때는 발군의 실력을 발휘하였고, 그러한 긍지는 중·고등시절에 더욱 높아졌기로 드디어 대학에서 고전소설을 전공하게 되었다. 언젠가는 이렇게 행복했던 시절을 옛날이야기처럼 털어놓고 싶었던 것이다. 그것은 고전소설을 연구해 온 도정(道程)이 그만큼 어렵고 그 성과가 이다지 보잘 것 없었기 때문이다.

그러나 고전소설의 실상을 좀 더 깊이 있게 구명(究明)하여 그 형성(形成)·전개(展開)의 과정을 합리적으로 체계화하는 데에 전념하여 온 것은 사실이다. 일찍이, 〈홍길동전〉 이전 국문소설의 부재(不在)와 《금오신화(金鰲新話)》 이전 한문소설(漢文小說)의 공백(空白)이 공인됨으로써 한국소설사(韓國小說史)의 제문제(諸問題)를 합리적으로 체계화하는 데에 커다란 문제점이 가로 놓였음을 파악하고, 그 이전의 작품군을 발굴(發掘)·정리(整理)하는 데에 주력하였다. 먼저, 지헌영(池憲英) 선생의 선도로, 《석보상절》·《월인석보》 등 15세기 국문불서 가운데서 국문소설을 발굴·분석하여 그 형성기 작품으로 고증하였다.

이러한 논의가 학계의 무관심 내지 비판을 받으면서, 나는 이 형성기(形成期) 국문소설이 16세기로 발전한 모습을 여러 측면에서 발굴·재구하고, 나아가 그 흐름이 17세기에 이르러 국문소설의 난숙(爛熟)으로 이어져 〈홍길동전〉·〈구운몽〉·〈사씨남정기〉 같은 작품을 산출하였다고 그 맥락(脈絡)을 파악하였다. 이것을 저서로 내리라 욕심을 부릴 때, 김열규(金烈圭) 선생의 『한국민속(韓國民俗)과 문학연구(文學硏究)』를 통해서 충격을 받고, 방법론을 보완하여 그간의 논고를 차분히 가다듬으면서 오늘에 이르렀던 것이다.

이제 그 국문소설의 형성과 전개에 관한 잡다한 논고를 묶어 학계에 보고하게 되었다. 따라서 제Ⅰ부에서는 불교계 작품을 중심으로 국문소설의 형성과정(形成過程)을 고찰하고, 그 형성경위(形成經緯)를 추적하고 형성기 작품을 분석·고찰하여 그 장르적 실상을 고증하며 그 전승과정(傳承過程)을 검토하였다. 그리고 제Ⅱ부에서는 국문소설의 전개양상을 고구하고, 〈설인귀전(薛仁貴傳)〉·〈안락국전〉·〈금송아지전〉·〈구운몽〉·〈심청전〉 등 전형적인 불교계 작품들을 분석·고찰하여 소설적 실상을 파악하고 각 작품의 소설사적 위상을 논증하였다. 그리하여 국문소설의 발전과 난숙을 거쳐 성행으로 이어지는 역사적 전개양상을 추적하게 되었던 것이다.

이 논고가 국문소설의 형성·전개를 모두 완벽하게 논증하여 정착하는 데는 미치지 못한다. 한정된 분야에 대한 계통적 파악조차 미진하기 때문이다. 앞으로, 많은 비판과 시정을 받아가며 《금오신화(金鰲新話)》 이전의 한문소설사와 함께 국문소설사의 보다 완벽한 체계화를 위하여 계속 정진할 따름이다.

이 책이 나오기까지 많은 도움을 주신 분들께 사의를 표하며 오히려 누가 되지 않을까 걱정스럽다. 격려와 후원을 아끼지 않으신 임도문(林道文) 스님과 사상호(史相晧) 회장께 감사하고, 묵묵히 내조한 김제인(金濟人), 교정(校正)과 색인을 맡아 준 경일남(景一男) 교수와 박사과정 최홍섭찬(崔弘燮燦)·박광수(朴光洙)·박병동(朴炳東) 원생, 어려운 출판을 해낸 중앙문화사장(中央文化社長) 사은경(史恩卿)에게 두루 고마운 뜻을 표하고 싶다.

2) 『불교계 서사문학의 연구』[9]

내가 불교계(佛敎系) 국문소설의 형성과정을 나름대로 정리하면서, 그 연장선상에서 선행(先行)한 서사문학(敍事文學) 계통(系統)을 설정하고 추적·고찰한 것이 불교계 서사문학이었다. 이렇게 그 계획을 소급해 간다면 한국소설의 계통은 적어도 불교계 작품을 중심으로 체계화되리라 믿었기 때문이다. 먼저 불교계 서사문학의 전체적 윤곽을 검토·논의하였고, 그 후로 불교계 강창문학(講唱文學)과 우언소설(寓言小說)을 비롯해서 불교계 설화 및 승전(僧傳) 관계(關係)를 작품별로 분석하여 그 문학의 변천(變遷)과 문학사적(文學史的) 위치(位置)를 검증·정리하였던 것이다.

이렇게 하여 얻어진 잡다한 추고(抽稿)를 한데 묶어 『佛敎系 敍事文學의 硏究』로 학계(學界)에 보고하게 되었다. 따라서 제1부 서사총론(敍事總論)에서는 한국서사문학(韓國敍事文學)의 영역 속에 불교미술(佛敎美術), 가요전설(歌謠傳說), 한(韓)·중불서(中佛書) 내지 국문서적 등을 문학론(文學論)으로 분석하고 그 장르체계를 설정하였다.

---

[9] 중앙문화사, 1996년 5월 15일.

그리고 제2부 변문(變文)·소설편(小說編)에서는 한국변문계(韓國變文系)의 전형적 작품을 골라 분석·고찰하여, 그것이 중국변문(中國變文)과 동일한 구조 형태로서 소설양식을 지향하고 있다는 점을 밝혀냈다. 나아가 제3부 설화·기전편(紀傳編)에서는 불교계의 저명한 설화와 승전 등을 잡아 분석·논의함으로써 그것이 전형적 서사형태이면서 소설양식을 지니고 있다는 점을 드러내었다.

이상 3부에 걸치는 논고들은 작품론을 통한 장르체계의 바탕 위에서 그 작품들의 형성·전개된 역사적 맥락·위상에 초점을 맞춘 터라 하겠다. 그래서 이 논고들은 적어도 15세기 국문소설 이전의 서문문학·소설사의 전개과정을 종합적으로 계통화한 것이라 보아진다. 따라서 이 『佛敎系 敍事文學의 硏究』는 기간된 『佛敎系 國文小說의 硏究』와 종적으로 연결되어 한국소설사의 대강(大綱)을 체계화하였다고 자위할 수는 있겠다. 그러나 이것은 이미 편간된 『한국서사문학사(韓國敍事文學史)의 연구(硏究)』에서 보인 바 방대한 체계에 비하면, 다만 작은 설계도에 불과하고 이 방면에 손을 댄 이후의 중간보고서라 취급되어 마땅할 터이다.

이제 '한국서사문학사'의 좀 더 완벽한 기술은 앞으로의 과제로 설정하고 지난날을 되돌아보니, 그 기나긴 도정(道程)에 감회가 새롭고 사명이 무겁다. 건강한 머리를 길러 주신 부모님, 올바른 학문을 가르쳐 주신 지헌영(池憲英)·김열규(金烈圭) 은사님께 감사하고, 격려와 후원을 아끼지 않으신 종범(宗梵) 스님과 사상호(史相皓) 회장님께도 사의를 표한다. 이제껏, 환갑이 되도록 묵묵히 내조한 김제인(金濟人)에게 이 책을 바치고 싶다. 그리고 전체적인 교열(校閱)

을 맡아 준 경일남(景一男) 교수와 각기 교정에 힘쓴 박사과정 박광수(朴光洙)·김진영(金鎭榮)·조도현(曺都鉉) 원생, 그 어려운 출판을 해낸 중앙문화사(中央文化社) 사은경 사장에게 두루 고마운 뜻을 표하는 바이다.

3) 『한국문학유통사의 연구』 Ⅰ~Ⅱ[10]

원래 한국문학사는 그 실체·실상이 완전한 것이었다. 그래서 저명한 선학이 언명하였듯이 한국문학사는 세계 10대 문학사 중의 하나가 된다. 적어도 이 문학사는 동방 4대 문학사 중의 하나라고 믿어진다. 여기서 한국문학사는 동방문학사의 차원에서, 그 문화적 기반이 동일한 데다 국가·민족에 따라 독자적으로 발전하면서도 끊임없이 교류하여 상호 대등한 위상을 유지해 왔다고 보아진다. 그중에서도 한·중문학사는 가장 근접하여 유통됨으로써, 그 동일한 수준과 대등한 실상을 실증하고 있기 때문이다.

그런데 한국문학사의 연구·기술은 실로 완벽하지 못한 상태에 머물고 있는 실정이다. 대체로 삼국시대 이래의 현전 작품 원전에만 집착하여 문학사의 실제적 시대와 유통 공간을 포기하고, 형성·망실되었던 작품·장르를 부인·묵살함으로써, 문학사의 축소·불구 내지 후진·폐쇄 등 부정적 현상을 빚어내고 있기 때문이다. 여기서

---

[10] 중앙인문사, 2006년 11월 10일, ISBN 8989442184(1)93810 / 8989442192(2)93810

한국문학사의 완벽한 연구·기술을 위하여 새로운 방향·방법을 모색할 책무와 사명이 절실해지는 것이다.

먼저 한국문학사의 실체·실상을 작품사나 장르사로 파악하여 그것이 예술사의 핵심에 서 있고, 문화사의 중심에 자리하고 있음을 실증해야 된다. 그리고 한국문학사의 연구·기술은 그 가치사·관계사·유통사로 관점·방향을 잡아야 한다. 따라서 그 방법도 사학론·복원론·비평론·비교론·유통론 등 보조과학적 방법론, 종합과학적 방법론을 개발·적용하여야 된다. 그리하여 한국문학사를 그 가치사나 관계사 내지 유통사로 연구하되, 각개 장르사로 기술하고 나아가 총체사로 저술할 수가 있다. 그중에서도 각개 장르, 시가·수필·소설·희곡·평론 등의 유통사와 이를 종합·총괄하는 『韓國文學流通史』가 완결되어야 한다. 이런 유통사야말로 문학의 가치사·관계사 등을 포괄하고 생동·발전하는 문학사의 본령 그 자체이기 때문이다. 이러한 과정에서 한국문학사는 확충된 문학사, 완비된 문학사 내지 선진된 문학사, 개방된 문학사로서 완벽한 면모를 갖추리라 믿어진다.

이에 일찍이 『한국문학유통사』를 설계하고, 그 전체의 구성과 맥락 위에서 중요한 대목이나 분야를 개별 작품 내지 장르를 중심으로 검토·논의해 왔다. 그런 것들이 보잘 것 없는 학문적 도정에서 체계 없이 뒹굴다가 이제 실로 오랜만에 『韓國文學流通史의 硏究』로 묶여 나가게 되었다. 이것은 평생 한국문학사에 매달려 작업해 온 작은 결실이다. 여기에는 1960년대부터 현재까지 40여 년에 걸쳐 틈틈이 써온 졸고들이 집적되어 있으므로, 전체적 체재나 문체 등에서 일관성·통일성이 부족하고, 그 내용에서 중복되는 것도 없지 않다. 그런데도 획기적인 수정이 없이 거의 그대로 실은 데에는 보잘 것 없는 이 학문적 도정을 속임 없이 내보이자는 뜻이 담겨져 있다. 그런대로 이를 다시 가다듬어 체계적으로 정리하니, 감회가 새롭고 부끄러움과 더불어 책임감이 절실해진다. 이 책의 내용은 대강 세 분야로 나누어진다.

첫째 권에서는 우선 '한국문학유통사서설(韓國文學流通史序說)'을 내세워, 한국문학의 영역과 그 전개를 비롯하여, 문학사를 기술하는 방향과 방법론, 그 원전을 확충하고 해석하는 방안, 나아가 불교문학사의 기술 문제 등에 관하여 총설적으로 논의하였다. 다음 '한국문학사(韓國文學史)의 종합적(綜合的) 전개(展開)'를 표방하여, 《원효논소(元曉論疏)》와 《삼국사기(三國史記)》·《동문선(東文選)》·《월인석보(月印釋譜)》 그리고 명인문집(名人文集) 등의 문학적 실상과 시가·수필·소설·희곡·평론 같은 장르적 전개 양상을 고찰하고, 그 문학사적 위상을 정립하게 되었다. 이어 '시가문학(詩歌文學)의 형성(形成)·유통(流通)'을 내걸어, 향가의 형성·유통, 고려가요의 서사적 구조와 연행 양상, 《월인천강지곡(月印千江之曲)》의 찬성·유통과 그에 따른 〈정각상봉가(正覺相逢歌)〉·〈원앙서왕가(鴛鴦西往歌)〉 같은 작품의 실상, 그리고 내방가사의 형성·유통 등에 걸쳐 시가문학사의 전개에 따른 제반 문제를 검토하였다.

둘째 권에서는 먼저 '소설문학의 형성·유통'을 내세워, 고전소설의 형성·전개로부터 그 형성·유통의 배경, 국문소설의 형성·전개, 고전소설 판본의 형성·유통 등에 걸쳐 장르 중심으로 고찰하고,

〈금송아지전〉이나 〈왕랑반혼전〉 같은 작품들의 형성·유통에 대하여 논의하였다. 다음 '희곡문학(戱曲文學)의 형성·유통'을 내걸어, 한국희곡사의 전개 양상을 총설적으로 정리하고, 불교재의의 희곡적 전개, 불교희곡의 형성·전개, 불교계 강창문학의 희곡적 유통양상, 《월인석보》의 희곡적 성향, 한국무가의 희곡적 전개, 고려시대 희곡의 형태와 유통 등에 걸쳐 계통적으로 검토하고, 나아가 〈공무도하〉나 〈왕랑반혼전〉 같은 작품들의 희곡적 실상과 유통에 대하여 분석·검증하였다.

셋째 권에서는 먼저 '수필문학(隨筆文學)의 형성·유통'을 내세워, 한국한문수필의 형성·전개에 이어 국문수필의 형성·유통에 대하여 거시적으로 고찰하고, 한문·국문수필의 교령·주의·논설·서발·전장·비지·애제·서간·일기·기행·담화·잡기 등 각개 장르의 형성·유통에 대하여 검토한 것이다. 다음 '문학평론(文學評論)의 형성·유통'을 내걸어, 한국평론사의 계통적 전개를 총설적으로 논의하고, 문학 장르에 따라 시론사의 형성, 수필론사의 전개, 소설론사 내지 희곡론사의 제반 문제를 논의한 것이다.

이와 같은 논의는 한국문학유통사를 작품별, 장르 중심으로 파악·기술한 성과로 나타났다. 적어도 이것은 거시적으로 한국문학사 연구·기술의 설계를 구체화한 것이고, 미시적으로는 문학사 상의 중요한 작품·장르의 실상·위상을 분석·고찰한 결과라 하겠다. 이 논저가 부실하고 미진한 것은 사실이지만, 이것이 앞으로 한국문학유통사를 완결하는 기초로서, 그 연구·기술의 방향·방법을 제시·실천하는 길잡이라는 의미는 있을 것이다. 그러기에 이것은 21

세기 한국문학사의 보다 완벽한 연구·기술을 위한 기초작업으로서 그 중간보고서로 인식되기를 바랄 따름이다. 이만큼이라도 해내도록 가르쳐 주신 지헌영·김열규 양 은사와 사계 선학들께 감사하고, 동학·후학들의 질정을 기다리며 부모님께 이 책을 바치고 싶다. 그리고 이 원고를 전체적으로 교열·교정해 준 노태조·경일남 양 교수와 박광수·김진영·라인정 세 박사에게 감사하고, 이 책의 편간을 주관한 사은경과 어려운 출판을 맡아 준 김제인 사장에게도 고마운 뜻을 표하려 한다.

4) 『한국문학의 장르론과 방법론』[11]

이제 와서 이런 책을 내자니, 감회가 새롭고 생각나는 바가 적지 않다. 평생을 두고 한국문학의 방법론과 장르론에 관심을 가지고 공부해 왔는데, 이제야 이런 것을 업적이라고 내려 하니, 우직한 용기가 필요했던 게 사실이다. 그런데도 지난번에 이 방면의 졸고를 역사적 관점으로 정리하여 『韓國文學流通史의 硏究』를 간행한 것에 의지하여, 그 자매편으로 이 책을 편간하게 되니, 이것은 개론적·형태론적 관점에서 정리된 바라 하겠다. 한국문학·한국학·인문학의 위기에 처한 지금, 힘겨웠던 학문적 도정을 마무리하면서, 여기저기 뿌려 두었던 내 졸고들을 묶어 내어, 그에 대한 책임을

---

[11] 중앙인문사, 2005년 3월 23일, ISBN 8989442117 93810

재확인하고, 위의 위기를 극복하며 재기하는 방법·방향을 재강조하는 데에 작은 의미가 있다고 본다.

원래 학문과 방법론은 영원한 함수관계에 놓여 있는 것이다. 학문이 발달하면 방법론이 발전하고, 방법론이 발전하면 학문이 발전하는 게 철칙이기 때문이다. 따라서 한국문학의 연구와 그 방법론의 관계가 그런 원칙과 궤도를 지키며 상호 발전하여 온 것은 필연적인 일이라 하겠다. 그간에 한국문학계에서 그 연구방법론을 모색·시도하는 데에 주력해 온 것은 실로 바람직한 일이었다. 그리하여 방법론적 성과가 높은 수준에 이르고, 외래적 맹종을 벗어나 한국적 현장과 원전을 기반으로 한 합리적 역량을 발휘함으로써, 한국문학의 연구에 괄목할 만한 발전을 가져온 것은 참으로 값진 일이라 하겠다.

그러나 그러면 그럴수록 이 방법론의 참신한 개척과 실천은 더욱 강조·강화되어야 한다. 한국문학의 무궁한 발전과 창조적 실천을 끝없이 갈망하고 기대하기 때문이다. 기실 이 방법론의 지속적 개신과 그 실천은 장르론에 집중되어야 한다. 이 장르론은 방법론의 핵심적 결론일 뿐만 아니라, 가장 직접적인 작품론과 함수관계에 놓여 있기 때문이다. 실제로 장르론이 발전하면 작품론이 발달하고, 작품론이 발달하면 장르론이 발전함으로써, 문학론 전체가 획기적인 상승작용을 하게 마련인 것이다.

이러한 관점에 서서, 그동안 미력하나마 한국문학의 방법론과 장르론을 탐구·모색해 온 것이 사실이다. 그 부끄럽고 미흡한 성과가 바로 이 책, 『한국문학의 장르론과 방법론』으로 나타난 것이다. 그 내용의 대강은 이러하다.

첫째, 이 국문학의 연구방법론과 그 실제에 대하여 논의하였다. 먼저 고전문학의 전통성을 검토하고, 고전문학의 원전을 개척·발굴하여 그 영역을 확충하고 이를 새롭게 해석·확정해야 된다는 필연성과 당위성을 내세웠다. 이어 고전문학의 연구자료를 다양한 측면에서 점검하면서, 그 고전문학이 유통되는 가운데 진면목과 생동성을 드러낸다는 점을 강조하였다. 이런 전제 아래서 학계의 고전문학 연구와 교육계의 고전문학 교육의 상치점 내지 문제점을 지적하고, 나아가 한국문학사의 기술 관점을 논의한 다음, 시범적으로 한국고대문학유통사를 설계·기술하여 보았다. 이러한 통론·통사적 방법론에 의하여 저명한 학자·문언의 광범한 문집들을 문학론으로 분석·고찰하자는 실천적 작업을 시도한 것이 매죽헌 성삼문과 서포 김만중, 그리고 명재 윤증의 문학·문집을 접근·조명해 본 것이다.

둘째, 이에 한국문학의 장르론으로 들어가 먼저 시가의 이모저모를 고찰해 보았다. 그동안 논의되어온 향가의 작자에 대하여 다른 각도에서 검토해 보고, 가요전설로써 결부된 그 작자와 향가의 관계, 그 작품의 의미를 쉽고 간략하게 부각시켜 놓았다. 이어 선초 악장의 쌍벽을 이루는《월인천강지곡》을 한국 최초의 정음운문불경이며 최고의 국문서사시로 전제하고 그 문학적 실상을 파악하며, 그간에 영남지방 부녀사회에서만 형성·전개되었다는 내방가사가 실은 서울·기호지방에서 형성·전개되어 전국적으로 유전되었다는 점을 주장하였다. 끝으로 현대의 장편시 지헌영의 〈아! 大田아〉를 현대시론으로 분석하여 그 시정신과 전통적 계맥을 탐색함으로써, 고전시가와 현대시의 필연적인 상관성을 확인하게 되었다.

셋째, 한국의 수필가 소설을 산문문학으로 묶어, 이것저것 발길 닿는 대로 산책하듯이 살펴보았다. 먼저 국문수필을 연구하는 출발점에서 그 형성의 상한선을 많이 소급하고 그 영역을 넓혀야 한다는 주장과 함께, 국문소설을 연구할 때도, 그 형성의 상한선을 15세기까지 올려 보고 그 원전도 넓게 포용하라는 견해를 내세웠다. 이러한 전제 아래, 《금오신화》·〈구운몽〉·〈사씨남정기〉·〈심청전〉·〈흥부전〉 등 전형적인 불교계 소설들을 핵심적으로 재론하였다. 나아가 〈심청전〉에 역점을 두어, 〈원홍장전〉과의 관계를 설정하고,《심청전》의 실상과 위상을 새로운 각도에서 조망하며, 그 작품의 원형을 재구하여 그것이 지역화되는 현상을 검토하여 보았다. 이어 조선 후기 국문불서《팔상명행록》의 유통양상을 탐색하여 불교계 서사물이 소설화되는 과정을 유추하면서, 이러한 환위 속에서 부침한 몇 작품을 거론하게 되었다. 끝으로 〈춘향전〉의 스페인어본이 출간되는 마당에 그 실태와 의의를 논의한 바가 있고, 안승서의 현대장편《무명의 강》을 현대소설론으로 평의하여 놓았던 것이다.

넷째, 한국의 극본 희곡에 대하여 논급한 것을 여기에 편입시킬 것이로되, 그 분량이 넘치기에 부득이 『한국희곡사의 새로운 탐구』로 묶어 내게 되었다. 따라서 이 논저의 장르체계 속에 들기는 하되 발전적으로 분화된 것이라 취급하고 그 유기적 관계를 유념할 일이다.

기실 이 논저의 체계는 엉성하고 개개의 졸고도 부실하기 그지없다. 그러나 공부하는 과정에 어려움을 무릅쓰고 여기저기 시대와 지면을 달리하여 내 놓은 것이라, 아끼는 마음은 더하다. 그래서 그때 그 모습대로, 때로는 미비하고 때로는 중복된 것이지만, 당시의 여정을 보여주는 증인처럼 반갑게 안아드릴 수밖에 없다. 그래서 그 세월의 유일한 후원자, 이제는 70이 된 안해에게 고마운 마음이 새로워진다. 끝으로 이번 저작집을 내는 데에 협조하고 교정해 준 학문하는 제자들과 자식들에게 고마운 뜻을 표하고 어려운 처지에 이런 책을 간행해준 중앙인문사 김제인 사장에게도 감사를 드린다.

5) 『《월인석보》의 불교문화학적 연구』[12]

실로 《월인석보》는 우리 말글로 된 최초·최고의 보전이다. 그것은 《월인천강지곡》과 《석보상절》의 단순한 합편을 벗어나 발전적으로 재편된 국학의 종합적 원전이기 때문이다. 이런 실상을 넌지시 알게 된 것은 어언 40여 년 전의 일이다. 그로부터 지금까지 이 《월인석보》를 잊어본 적이 없으며, 큰 성과는 없었지만 꾸준히 공부해 온 것이 사실이다. 이제 그 노정을 되돌아보니, 내 학문의 초라한 여정을 되새기는 것 같아 감회가 새롭다.

우선 필자는 《월인석보》에 대하여 문학적으로 접근하였다. 이 원전에서 형성기 국문소설에 해당되는 작품들을 골라내어, 고전소설로 고증·규정하고 15세기 소설군을 설정함으로써, 17세기 〈홍길동전〉 이전 180여 년간에 해당하는 국문소설의 공백기를 메운다고

---

[12] 중앙인문사, 2005년 5월 8일, ISBN 8989442133 93810

장담하였다. 그리고 이 원전에서 다양한 운문단위를 추출·선택하여 그에 상응하는 단가·사설이나 가요로 분석·규정함으로써, 형성기 단가양식과 가사형태를 제시한다고 떠들었다. 또한 이 원전의 모두에 수록된 세종·세조 등의 서문을 활용·논의하여, 최초의 국문수필이라고 내세운 적도 있었다. 한편 이《월인석보》의 강창문학적 성격을 들어, 그것이 유통·연행됨으로써, 가창극본·가무극본·강창극본·대학극본의 형태로 전개되면서 최초의 국문희곡으로 정립되었다고도 주장하였다. 마침내 이《월인석보》전체를 국문학 장르론에 입각하여 분류·거론함으로써, 시가·수필·소설·희곡·평론 등 상위 장르를 갈라내고, 그 하위 장르를 설정하여 해당 작품들로 충족시킨다고 서둘러 대기도 하였다.

이제 그런 일을 되돌아보니, 그 주제에서는 별로 달라진 것이 없지만, 방법이나 품격에 있어 본의 아닌 점이 적지 않았다. 그러나 이제는 하찮은 논고들일 망정, 쏘아놓은 화살이 되고 보니, 되돌릴 수도 없고 대폭 수정하기도 어렵다. 이에 대하여 자성하면서 그 책임을 절감하게 된다. 그러기에 내친김에 이《월인석보》의 종합적 실상에 보다 입체적으로 접근하여 그 진가를 문화학적으로 밝히는 일이 당면과제임을 확인한다. 따라서 이《월인석보》의 문학적 전개양상을 더욱 심화시켜 고찰하고, 나아가 그것이 미술·음악·무용·연극 등 예술적으로 연행된 형태를 본격적으로 고구하며, 이어서 그와 직결된 언어와 국자, 문헌과 유통, 사상과 포교, 민속과 생활 등 문화 분야를 유기적·체계적으로 파악해야 된다는 것이다.

이에 그동안의 줄고를 모아 펴서 연구 도정의 일단을 마무리하고,

새로운 시작의 계기로 삼으려 한다. 그리하여 내용에는 먼저《월인석보》의 문화사적 전개양상을 폭넓게 개관하고, 이어 제1편을 구체적으로 고찰하여 위 사실을 실증하였다. 그리고《월인석보》의 문학적 실상과 위상을 거론하여 전체적 윤곽을 제시하고《월인천강지곡》의 찬성경위와 문학적 실상을 파악하는 것이 총괄적으로 전제되었다. 한편 이《월인석보》의 구체적 작품을 장르론에 입각하여, 시가로서 〈정각상봉가〉·〈원앙서왕가〉, 수필로서 〈훈민정음서〉·〈석보상절서〉·〈월인석보서〉 등, 소설로서 〈목련전〉·〈안락국태자전〉·〈선우태자전〉 등을 구체적으로 분석·검토하였다. 끝으로《월인석보》의 강창문학적 성격을 통하여 연극형태의 가창극본·가무극본·강창극본·대학극본 등 국문희곡 장르를 정립하였다. 이로써《월인석보》에 대한 예술학·문화학적 연구의 길이 열리게 되었다. 따라서 전체적으로는 어렴풋하게나마 하나의 체계를 갖추게 되었다. 그것은 문화적 총설과 문학적 총론에 이어, 국문문학 장르론으로 마무리되었기 때문이다.

이 책은 처음부터 저서로서 계획·집필된 것이 아니고, 필요에 따라 개별 논문으로 작성·발표된 것이기에, 서로 중복되는 점이 적지 않다. 이것은 발표 당시의 의견으로서 지금도 별다른 차이가 없기에, 굳이 손대지 않았다. 다만 이 줄거리를 통하여, 문학적 방법론을 기반으로 예술학적 방법론을 거쳐, 문화학적 방법론을 지향하고 있다는 점만을 이해하여 주기 바란다.

이것들이 저서로 묶이어, 대강 40여 년 만에 세상에 선을 보이니, 비록 보잘 것은 없다손 치더라도, 나로서는 감개가 무량할 수밖에 없다. 처음의 졸고 몇 편을 쓸 때는 부모님과 스승님이 생존하여 보람으로 여기셨거니와, 오늘에는 이승에 안 계시니, 추천불사로 찬진된 《월인석보》에 대한 이 작은 연구 성과를 그분들의 영전에 바쳐, 길이 명복을 빌고자 한다. 끝으로 이 저서를 편집한 사은경 부장과 교정을 맡은 김진영 교수, 이런 책을 흔쾌히 출간해 준 중앙인문사 김제인 사장에게 감사의 뜻을 표한다.

6) 『불교문화학의 새로운 전개』[13]

원래 불교는 문화로서 존재하고, 표현되고, 유통되었다. 따라서 특히 대승불교·대중불교는 차라리 불교문화라고 하는 편이 좋을 정도라 하겠다. 흔히들 새로운 세기를 문화시대라 전제하고, 그에 호응하여 각기 자국 문화를 정리·창달하는 데에 강력한 역량을 보이고 있다. 그래서 기왕에 한국문화의 핵심·주류가 되어 온 불교문화는 재인식·재정리되어, 이 새로운 문화시대의 선봉으로서 그 역량을 십이분 발휘할 때가 되었다.

드디어 '문화불교'를 표방하면서 불교문화 시대가 활짝 열리고, 이상적인 이론과 구체적인 과업을 설계·실천하기에 이르렀다. 전국 종단이나 사찰 전체에서는 '상구보리·하화중생'의 대업을 실현하는 데 있어, 불교문화의 발전·창달을 최선의 이념·방편으로 내

---

[13] 중앙인문사, 2006년 5월 15일, ISBN 8989442141 93810

세우는가 하면, 이 반면 학계에서는 불교문화학을 정립·체계화하고 '한국불교문화학회'를 창립하여 사찰문화를 중심으로 불교문화 전반에 걸쳐 전문적인 연구를 적극 추진하는 중이다. 이러한 추세와 환위 속에서, 졸저 『佛敎文化學의 새로운 展開』를 내게 되어, 나름대로는 뜻이 깊고 감회가 새롭지만, 따지고 보면 분에 넘치고 욕심이 지나치다는 생각마저 든다.

일찍부터 고전문학을 공부하다가 그 불교와의 친연성을 새롭게 보고, 차라리 불교문학을 전공한 것이 인연이었다. 기실 불교문학을 파고들다 보니, 그것이 불교미술과 불가분의 관계에 있음을 깨닫게 되고, 이어 불교음악·무용·연극 등으로 연행됨으로써 그 진면목과 생동감을 드러내는 사실을 확인하게 되었다. 나아가 이러한 불교문학의 예술적 공연·실상이 다시 불교언어·문헌, 신앙·윤리, 의례·민속, 교육·포교 등의 불교문화로 전개되어 온 현상을 실증하기에 이르렀다. 이러한 불교문학·예술·문화의 유기적 관계와 순리적 체계가 잡히면서, 이러한 전체를 거시적이거나 미시적으로 연구하는 불교문화학이 정립·출범할 수 있는 필연성과 당위성을 입증하게 되었다.

이와 같은 연유와 시대적 요청으로, 마침내 불교문화학이 학문적이고 체계적으로 성립·행세하게 되었고, 학계의 합리적 공론·합의에 의하여 위 한국불교문화학회가 창립·활동하면서, 상당한 성과를 올리게 되었다. 이러한 역사적 과정에서 그 중심에 서 있었다는 책임으로, 이론적 주장에 따른 실천적 증거를 대신하여, 틈틈이 써 낸 졸고를 이제야 묶어 부족한 책으로 간행하게 된 것이었다.

이 책의 내용을 보면 크게 세 부분으로 나누어진다. 첫째, '그 연구방법론과 그 실제'에서는 우선 불교문화학의 개념과 영역을 설정하고, 그 방향과 방법론을 모색하였다. 이어 그 실제적 사례로 실크로드의 불교미술과 문학을 거시적인 관점에서 개관하고, 한국 사찰문화의 실상과 그 기능을 이론적으로 제시하면서, 법주사 같은 고찰의 문물을 불교문화학적으로 고찰하였다. 그리고 《삼국유사》와 같은 불교전적이나 불타의 팔상행적 등을 불교문화학적으로 검토하는 한편, 우란분재·목련전승이나 서동설화와 같은 개별 원전을 동일한 관점에서, 구체적으로 거론하게 되었다.

둘째, '백제권의 불교문화'에서는 우선 백제건 충남지방의 불교와 그 문화를 백제·신라·고려·조선 시대순으로 개관하여, 그 전체의 기반과 윤곽을 파악하게 되었다. 이어 대전·대덕지역의 불교적 전통과 민중생활을 문화적 관점에서 검토하고, 그리고 논산지방의 불교와 그 문화를 구체적으로 거론하였다. 나아가 연기지역의 불교와 예술을 개괄하고, 그 구체적인 사례로 연기 비암사의 석조불상 같은 국보급 문화재의 불전적 계보를 추적하는 데까지 나아갔다.

셋째, '불교문학의 세계'에서는 먼저 불교문학의 예술적 전개를 서론으로 내세우고, 한국불교문학의 전통과 그 전개 양상을 고찰하면서, 한·중 고승전이 승전문학으로 전개된 실례를 들어 고구하였다. 이어 불교계 국문소설의 형성 문제로서 《석보상절》-《월인석보》류에 근거하여 상한 연대를 15세기까지 소급하고, 그 후대 《팔상명행록》과 같은 국문불서가 찬성·유통되어, 국문소설로 전개됨으로써, 국문소설사의 계맥이 이루어졌음을 밝히었다. 그리고 위

승전문학과 관련하여 원효나 용성·청담 같은 고승들의 문학세계를 고찰하였던 것이다.

　이제 되살펴 보면, 이 책은 전체적인 처계가 엉성하고 개별적인 논고라는 것도 부실한 게 사실이다. 내 학문생활의 긴 도정에서 시기에 따라 각기 다른 지면에 써 낸 것이기에, 학술적이거나 교양적인 경향이 다르고, 때로 중복되는 경우도 있기 때문이다. 그러나 지금의 마무리 단계에서는 더 어쩌지 못하고 학문적 과거의 산 증거로서 이를 그대로 포용할 수밖에 없었다.

　돌이켜 보니 이 졸저가 나오기까지 불교문화를 연구한 여러 학자들의 업적과 학회 활동에 힘입은 바가 크다. 그리고 40여 년 간 내 생활을 지켜보고 내조한 안해에 대하여 내심 느끼는 점이 많다. 그리고 이번 저작집을 내는 데에 협조하고 교정해 준 학문학은 제자들과 자식들에게 고마운 뜻을 표하고, 어려운 가운데 이런 책을 간행해 준 중앙인문사 김제인 사장에게 감사를 드린다.

7) 『한국고전소설의 실상과 전개』[14]

　평생을 두고 우리 고전문학을 공부하면서 갈수록 절감되는 것은 그 불후의 명작들이 민족의 문화유산으로서 시공을 초월하여 점차 그 높은 가치를 드러내는 점이요, 그 문학·예술적 실상과 문학·예술

---

[14] 중앙인문사, 2006년 10월 3일, ISBN 8989442206 93810

사상의 위상을 깊이 있게 체계적으로 연구하는 데에 역부족이었다는 사실이다. 그중에서도 고전소설에 대하여 그런 생각을 더욱 간절히 할 수밖에 없었다. 원래 고전소설이 고전문학의 중심·주류를 이루는 데다, 개인적으로는 어려서부터 학교생활을 거쳐 대학에서 이를 전공하는 데까지 한결같이 심취하고 열정을 가져왔기 때문이다.

돌이켜 보면 능력이 부족하여 이렇다 할 성과는 내지 못하였으나, 그냥 놀지는 않았다. 그간에 이 고전소설의 개념과 범위를 어떻게 설정할 것인가, 그 하위 장르와 함께 문학적 실상은 어떤 것인가 이런 문제에 대하여, 실제적인 작품을 들어 여러 차례 작업을 시도한 것도 사실이다. 이 소설 작품에 대한 기초적 고찰과 본질적 연구를 서둘러 보기도 하고, 그 작품들의 유통양상과 연행실상을 확장·검토한다고 떠들썩하기도 했던 터다. 그러는 중에 가장 관심이 갔던 부분은 이 고전소설의 문학사·예술사 상의 위상에 관한 것이었다. 그래서 이 소설의 형성·전개 과정을 계통적이고 합리적으로 체계화하는 일에 관심을 집중시켰던 터다. 먼저 한국소설은 생각보다 일찍이, 적어도 삼국시대부터 연원·형성되어 강물이 흐르듯이 면면히, 완전히 전개되어 왔으리라는 희망적 소신을 가지고 출발하였다. 실제로 유통론적 교류 차원에서 가까운 중국소설이나 일본소설들이 각기 고대로부터 유구한 역사를 계통적으로 과시하고 있기에, 우리 소설도 반드시 그와 대등한 역사를 이루어 왔으리라는 자신감이 들었기 때문이다.

그리하여 우선 고전소설을 한문소설과 국문소설로 나누어 계통적으로 그 형성의 상한 연대를 소급·추적하기에 이르렀다. 일단은 국문소설의 형성·전개 과정을 검토하는 게 제1의 과제가 되었다.

말하자면 17세기 〈홍길동전〉이 국문소설의 최초 작품이라는 학계·교육계의 통설을 비판하고, 그 상한선을 15세기 정음 반포 직후까지 소급해 보자는 것이었다. 그리하여 15세기 불교계 국문산문집《석보상절》·《월인석보》·《권념요록》 등에 들어 있는 〈안락국태자전〉·〈목련전〉·〈선우태자전〉·〈금우태자전〉·〈왕랑반혼전〉 등을 찾아내어 고전소설론으로 고구함으로써, 그것들이 각기 국문소설임을 규정하고, 따라서 그 15세기가 국문소설의 형성기임을 확인하였다. 나아가 이들 형성기 작품들의 소설적 실상과 그 경향을 밝히면서, 그것들이 16세기로 전승되어 〈안락국전〉과 〈설공찬전〉·〈금송아지전〉 등으로 변모·발전된 계통을 파악하게 되었다. 그러기에 이 국문소설은 적어도 16세기에 이르러 발전양상을 나타냄으로써, 그 여세를 17세기 〈홍길동전〉을 포함한 〈구운몽〉·〈사씨남정기〉 등 난숙된 작품세계로 자연스럽게 연결시켰던 터다. 그리하여 이 국문소설은 15세기에 형성되어 16세기의 발전기를 거쳐 17세기의 난숙기로 계승됨으로써, 〈홍길동〉 이전 200년 가까이의 공백기를 합리적으로 보전하게 되었다. 이러한 논의·논고는 적지 않은 장벽에 부딪치고 상당한 비판을 받았지만, 결국『佛敎系 國文小說의 硏究』로 묶여 간행·유통을 보았던 것이다.

다음에는 한문소설의 형성·전개 과정을 파악하는 게 제2의 과제가 될 수밖에 없었다. 기실 국문소설의 연장선상에서 한문소설의 연원·형성 실태를 검증하는 게 급선무였기 때문이다. 말하자면 15세기《금오신화》가 한문소설의 최초 작품이라는 학계·교육계의 통설을 재고하고, 그 상한선을 최소한 삼국시대·신라통일기까지 소급해 보자는 것이었다. 그때는 이미 《삼국유사》 소재 〈조신몽(調信夢)〉·〈금현감호(金現感虎)〉 등이 신라의 전기소설(傳奇小說)로 거론되고, 나말여초의 한문서사 〈최치원(崔致遠)〉 등이 소설 형태라고 논의되는 때라, 필자는 그와 제휴하여 불교계 한문서사문학을 전거로 그 소설적 맥락을 고찰하게 되었다. 그중에서도 《삼국유사》 소재의 고승별전으로 〈남백월이성(南白月二聖)〉·〈원효불기(元曉不羈)〉 등과 나말·여대에 걸치는 《석가여래십지수행기(釋迦如來十地修行記)》에 수록된 불타의 전생담 10편, 〈안락국태자경(安樂國太子經)〉·〈목련경(目連經)〉·〈선우태자경(善友太子經)〉 등 강경변문을 고전소설론으로 논의하여 한문소설이라 규정함으로써, 《금오신화》 이전 소설의 공백기를 자연스럽게 극복하여왔던 것이다. 그리하여 마침내 그간의 소고들을 묶어서 위 책의 자매편으로 『佛敎系 敍事文學의 硏究』를 편간·유전시켰던 것이다.

이 두 책은 다 보태 보았자, 한국소설사를 통관하는 데는 어림도 없었다. 그리하여 그 소설사 연구를 향한 소망은 잠들지 않아 어떤 계기를 엿보던 중, 사계 전공학자들의 역량과 업적을 객관적으로 총합하여, 『韓國敍事文學史의 硏究』(전 5권)를 편저해 냈던 것이다. 이것은 적어도 한국소설사의 온전한 실상을 저 삼국시대로부터 조선조 말기까지 계통적으로 통관하는 희망적인 업적으로 평가되어 마땅할 터다. 그런데도 한국소설사의 온전한 연구를 위해서라면 이것은 출발의 도정에 머물고 있는 형편이다. 지금 고전소설학회와 연구계에서는 그 방면의 새로운 탐구와 업적을 많이 내고 있어 놀랍고 반가운 일이 아닐 수 없다.

이제 이 방면 연구를 마무리하는 필자로서는 부끄러운 마음으로 위 두 책을 하나로 통합해서 『한국고전소설의 실상과 전개』로 출간하여, 한국소설사를 통관하려는 참뜻을 왕성한 학계로 위임하는 작은 의미로 삼으려 한다. 이제 완전한 소설사에서는 한문소설과 국문소설이 하나의 축으로 연결되어야 하고, 불교계 작품이나 유교계 작품 등이 벽을 헐고 하나로 조화되어야 하겠기 때문이다. 이것이 정말 가능하다면 앞으로 한국소설사를 연구·정립하는 데에 사소하나마 하나의 방향이 되기를 희망할 따름이다.

이러한 합본을 재판의 형식으로 이번 저작집에 넣으니, 오랫동안 방치되었던 자식들이 하나로 뭉쳐 새 옷을 입고 나서는 후련함과 신선함이 떠오르는 게 숨길 수 없는 심정이다. 그래서 지난날의 학연에 감사하고, 유일한 내조자, 지금은 70을 넘긴 안해에게 고마운 생각이 새롭게 떠오른다. 끝으로 이번 저작집을 내는 데에 협조하고 편집·교정해 준 학문하는 제자들과 자식들, 특히 노태조·김진영 양 교수와 사은경 부장에게 고마운 뜻을 표하고, 어려운 형편에 이런 책을 간행해 준 중앙인문사 김제인 사장에게도 감사를 드린다.

8) 『한국공연예술의 희곡적 전개』[15]

원래 그 연극이 한국예술사의 핵심·주류를 이루어 온 것은 명백한

---

15 중앙인문사, 2006년 10월 3일, ISBN 8989442125 93810

사실이다. 따라서 일찍부터 이 연극의 실상과 위상을 중시·고구하여 온 것은 당연한 일이다. 더구나 새로운 문화세기, 공연문화의 시대를 맞이하여 그 연극의 예술적 실상과 공연문화사적 위상을 구명하는 데에 박차를 가하고 있는 것은 값지고 보람찬 일이다. 그렇다면 이런 연극의 극본 희곡에 대하여 주목하지 않을 수 없다. 기실 모든 연극형태는 그것이 구비든 문헌이든 반드시 극본 희곡을 기본·골격으로 하여 본격적으로 연행되고 생동하는 예술성을 족히 발휘하기 때문이다. 이런 점에서 한국연극과 연극사가 완전하다면, 한국희곡과 희곡사가 무결하다는 필연성과 당위성이 실증되는 터다.

그런데 그동안 학계에서는 한국연극사의 근간이 되는 고전시대의 연극에 대해서는 적극적인 조명과 체계화에 주력하는 반면, 그 시대의 극본 희곡에 관해서는 본격적인 검토와 체계화에 소홀했던 게 분명하다. 그리하여 필자는 「한국희곡사 연구서설」에 이어, 기회 있을 때마다 한국희곡사의 복원·재구에 관한 졸고를 내 놓으며, 급기야는 '한국고전희곡학회'를 결성하여 사계 학자들의 역량을 결집·활동하였고, 나아가 회원들의 업적을 집대성하여 『한국희곡문학사의 연구』(전 6권)를 편저해 냈던 것이다. 그리고 이 학회가 매년 정기적 학술회의를 개최하고 그 성과를 『고전희곡연구』로 묶어 내면서 장족의 발전을 거듭하였던 것이다. 이렇게 학회의 경륜이 쌓이면서, 이 고전희곡학회는 공연문화시대에 상응하여 '한국공연문화학회'로 발전적인 확장·개명을 단행하게 되었다. 물론 이 학회가 고전시대의 희곡을 연구하는 데에 중점을 둔다는 전제가 있었지만, 자연 '공연예술'에 관심을 두어 새로운 분야를 개척하는 데에 주력하게 되었다. 이럴 때마다 필자는 그 극본·희곡의 중요성을 강조하였고, 그 실증적 논의로서 여러 편의 졸고를 써 내게 되었다. 이처럼 한국공연예술과 그 극본 희곡의 연구가 그런대로 균형을 잡아가는 희망적 상황 속에서, 그간의 졸고를 모아『韓國公演藝術의 戱曲的 展開』를 출간하게 되니, 그 감회가 새로울 수밖에 없다.

전술한 바 그 학회의 발전과 학문적 도정에서 중심에 자리하여, 작으나마 사명을 수행한답시고 여기저기 써 낸 것이 작은 책자로 간행되어, 그 학문적 책임을 더욱 절감하기에 이르렀다. 하지만 이것은 위 편저의 연장선상에서 그 보완적 의미가 있다. 나아가 모든 문학 특히 고전문학은 구전이나 기록이나 간에 그 원형적 작품의 면모와 함께 유통·연행·공연을 통하여 그 진가와 생명성을 발휘한다는 문학·예술관이 일관되게 입증되는 데에 의의가 있다고 하겠다. 이 졸저의 내용은 대략 이러하다.

제1부는 '한국희곡사(韓國戱曲史) 연구서설(研究序說)'이다. 한국고전희곡의 실상을 확인하고 그 희곡사를 정립하겠다는 전제 아래, 먼저 한국 희곡의 원전을 부각시켜 그 연구방향을 제시하였다. 여기서는 한국희곡의 개념과 범위, 장르체계를 밝히고, 그 원전의 영역을 확장하면서 연구방법론과 방향을 설정하였다. 그리고 한국 희곡사를 연구하는 데에 몇 가지 중요한 문제를 제기·전망하되, 한국희곡사의 전개와 극본의 실태를 검토하고, 그 장르의 전개양상을 고찰하며, 그 역사적 전개과정을 파악하였다. 한편 구체적인 사례로, 불교연극의 형성·유통 양상을 조명하고, 그 장르적 실상을 검증함으로써, 그 극본 희곡의 실체와 결부시켰다.

제2부에서는 '한(韓)·중(中) 연극(演劇)과 희곡(戲曲)'의 문제를 다루었다. 먼저 동방권의 전형적인 불교서사를 주목하여, 한·중 간에서 불교고사가 문학·예술 내지 문화 등의 종합적 양상을 띠고 희곡적으로 유통·전개되어 온 큰 흐름을 파악하였다. 이에 기반을 두고, 중국의 목련희가 입체적으로 연구되어 온 방법론과 그 동향을 개관하게 되었다. 나아가 한·중의 불교계 강창문학이 형성·전개된 계맥과 그 문학적 실상을 밝히고, 나아가 그 유통양상을 통하여 그것의 희곡적 전개와 희곡사적 위상을 고찰하였다.

제3부는 '한국원전(韓國原典)의 희곡적(戲曲的) 실상(實相)'에 대해서다. 우선 불교계 강창문학의 한국적 전통을 점검하여, 그것이 판소리로 변용·전개된 과정을 파악함으로써, 획기적인 강창극 판소리의 계맥을 밝히었다. 그리고 《삼국유사》 소재 고승별전 중에서 〈원효불기〉를 골라 그 희곡적 성격을 고찰하면서, 이어 〈동명왕편(東明王篇)〉이나 《월인석보》 같은 원전을 공연론으로 조명하여 그 연행양상을 재구해 보고, 그 대본·극본으로서의 희곡적 실상을 고구하여 보았다. 나아가 한국음악 관계 문헌을 연행론·희곡론으로 고찰하되, 그 문헌의 유형을 나누어, 그것의 희곡적 실상과 예술사적 위상을 파악하였다. 이런 맥락에서 《악학궤범(樂學軌範)》을 공연학·희곡학으로 조명하되, 그 이론과 실제를 통하여, 그 대본·극본으로서의 희곡적 요건·실상을 검증하였다. 끝으로 불교재의 가운데 가장 전형적인 영산재의 재의궤범을 연행론으로 검토하여 희곡문학적 전개양상을 파악하여 보았다.

이와 같이 이 졸저는 전체적 체계도 엉성하고 개별적 논고도 부실한 데다 일관성까지 부족한 게 사실이다. 그러나 이 방면의 학문적 긴 여정을 되돌아보며 마무리하는 마당에서, 그것들은 마치 만득이처럼 시원치 않기에 더욱 소중하게 느껴진다. 그래서 부족한 대로, 일부 중복되는 대로 한군데에 실어서 연구사의 증거로 삼을 수밖에 없다.

이 졸저를 내기까지 사계 선학의 업적에 힘입은 바 크고 동학·회원들의 격려에 고무된 점이 많다. 그리고 항상 지켜보며 '나이 들어 무리하지 말라'고 염려·내조한 안해에게도 느끼는 바가 남다르다. 끝으로 이 저작집이 나오기까지 협력하고 편집·교정까지 맡아 본 학문하는 제자들과 자식들, 특히 김진영 교수와 사은경 부장에게 고마운 뜻을 표하고, 이런 책을 선뜻 내 준 중앙인문사 김제인 사장에게도 감사의 마음을 전하고 싶다.

9) 『백제권 충남지방의 민속과 문학』[16]

오늘날 세계문화·예술·문학은 각개 국가·민족의 그것을 귀납적으로 종합한 값진 유산이라는 게 정론이라 한다면, 한국의 문화·예술·문학 역시 각개 지방의 그것을 귀납적으로 종합한 값진 유산이라는 게 통설이 될 수밖에 없다. 기실 이러한 정론·통설은 학문적 상식이다. 그런데도 그것이 새롭게 거론·인식되는 과정에는 그만한

---

[16] 중앙인문사, 2006년 10월 3일, ISBN 8989442168 93810

실천적 문제점이 가로놓여 있었던 터다. 그러한 이론은 상식으로 통하면서, 실제적 연구에서는 그 상식을 완전히 망각하고, 특정 국가·민족이나 왕조·중앙의 그것만을 취급·강조하는 오류를 범하여 왔기 때문이다.

새로운 문화세기에 호응해서, 우리 학계에서는 지방의 문화·예술·문학 등을 연구·개발하는 데에 박차를 가하게 되었고, 각개 분야에서 괄목할 만한 성과를 내게 되었다. 그중에서도 소중한 업적은 대개 그 지방·출신의 학자·전문가들에 의해 이룩되었다는 사실이 눈에 띈다. 실제로 그 지방에 생장하면서 그 모든 것을 체험·숙지하고 객관적인 연구방법론을 효율적으로 창출·적용할 수 있었기 때문이다. 이런 점에서 이번 『백제권 충남지방의 민속과 문학』을 출간하게 된 것은 그만한 의미가 있다고 하겠다.

충남 출신인 필자가 일찍부터 이 지역의 문화·예술·문학 등에 관심을 가지고 학문적으로 접근하여 온 것은 지극히 자연스럽고 당연한 일이었다. 다만 백제권이라는 역사성과 지역성에 얽매인 데다, 여기에 전문적으로 주력하지 못한 것이 지금에서야 안타까울 따름이다. 그런데도 자의반 타의반으로 이 지방 문화·예술·문학 등에 대한 주제·과제가 주어지면, 이를 정리·검토하기 위하여 의욕을 가졌던 것만은 사실이다. 따라서 결코 짧지 않은 학문적 도정에서 여기저기 지면에 실었던 졸문을 모아 다듬어 하나의 책자로 내니, 감회가 새로울 수밖에 없다. 작고 부족하지만, 학문생활을 마무리하는 단계에서, 이 책자를 고향에 바치는 속뜻이 간절하기 때문이다. 이 책자의 내용은 대강 아래와 같다.

첫째, 백제권 충남지방에 뿌리를 둔 민속의 일환에 대하여 검토하였다. 먼저 백제시대의 의례·민속에 관심을 두고, 그 궁중·왕실의 장례·묘제와 제의를 주목하게 되었다. 그중에서도 유명한 무령왕릉과 그 출토문물을 통하여 당시의 종교·신앙사와 왕 및 왕비의 장례절차와 능묘의 운영 내지 관리, 각종 제의과정과 부수적 관례·민속 등을 제의학적으로 검토하였다. 다음 이 지역의 동제, 마을굿에 주목하고, 그 구체적 사례로 계룡산 갑사 사하촌의 고목대신제를 들어 종교민속학적으로 고찰하였다. 이어 대전지역의 사회풍습을 가족·친족·향촌·도시 생활과 직결시켜 사회민속학적으로 고구하였고, 끝으로 연기군의 민속을 산업민속·세시풍속·통과의례·민간신앙·민간요법·민간유희 등을 현장론적으로 조사·기술하였다. 그리하여 대전과 그 주변, 연기지역과 그 인근지역의 광범한 민속을 유추·파악하였던 것이다.

둘째, 백제권 충남지방에 유전되는 고전문학의 일환을 고찰하였다. 먼저 백제지역의 불교문학 및 향가문학을 고찰하되, 그 지역에 홍포된 불교와 불교문학에 기반을 두고, 불교언어·문헌·미술·음악·무용·연극 등과 문학의 함수관계에 역점을 두었다. 그리고 백제지역의 연극·희곡을 그 기원으로부터, 백제의 향가·속악·기악, 가면극·인형극·판소리 내지 은산별신제 등으로 나누어 살폈고, 충남지방의 고전시가 중에서 내방가사에 주목하여, 그 원천과 유통 상황을 기초로 그 형성과 유전, 작품의 형식과 내용, 국문학사상의 위치까지 검토하였다. 나아가 각 지역 고전문학에 관심을 두되, 대덕지역의 시가·수필·희곡·서사문학 등에 대하여 중점적으로 고찰하였다.

셋째, 백제권 충남지방에 전승되는 구비문학의 일환을 수집·정리하였다. 먼저 대전지역 구비전승의 전문을 총괄하고, 이어 충남지방의 민요를 보편적 유형에 따라 분류·배치하였다. 그리고 충남지방의 전설을 총괄적으로 개관하고, 자연전설·고적전설·명물전설 등의 분야로 나누며, 그 하위 유형을 정리하여 해당 작품을 인용·제시하였다. 나아가 지역별 전설을 조금 구체적으로 다루기 위하여 논산지역·연기지역·당진지역의 전설을 위 방법론대로 체계화하였다.

이와 같이 전체적으로 보아 체계도 엉성하고 개별 논고도 부실하기 그지없다. 이다지 부족한 데도 필자 나름으로는 그 분야에 대한 소중함을 절감하고 애정을 가졌기에, 이 졸고를 아끼는 마음은 더하다. 마치 늦둥이 못난이에게 관심과 염려가 더한 것이나 매한가지다. 그저 후진 학자들의 이 지방에 대한 애정과 학문적 노력을 일깨워 주는 아주 작은 길잡이로서 어떤 의미가 되었으면 좋겠다.

실로 이 지방 문화·예술·문학을 연구하는 데에 심혈을 기울인 선학들의 큰 업적에 비하면 미미하다. 그리고 이번 저작집을 내는 데에 협력하고 편집·교정까지 보아 준 학문하는 제자들과 자식들, 특히 김진영 교수와 사은경 부장에게 고마운 뜻을 표하고, 이런 책자를 선뜻 간행해 준 중앙인문사 김제인 사장에게 감사하고 싶다.

10) 『불교문화학의 새로운 과제』[17]

진정 새로운 문화세기에 깊숙이 들어서면서 불교문화의 중요성과 불교문화학의 필요성을 더욱 절감하게 된다. 이제 문화철학을 기반으로 일반문화학이 보편화되는 마당에, 불교문화를 불교문화학의 이름으로 연구하기 시작한 것은 오래되지 않았지만, 그 연구 성과는 상당한 수준에 이르고 있는 게 사실이다. 그런데도 그 연구결과는 분야별로 차이가 많아 불균형을 드러내고, 서로 유기적인 협력에 소홀하여 합리적 입체성을 잃은 데다 이를 일반문화의 일환으로만 검토하여 그 불교문화로서의 독자성을 스스로 버리고 있는 실정이다.

기실 불교는 문화다. 실제로 대승불교는 문화로써 존재하고 문화로써 표현되고 문화로써 기능하기 때문이다. 그러기에 불교문화는 불교의 정화요 한국문화의 핵심이라는 점이 확실해지고, 따라서 불교문화학은 그만큼 소중하고 필연적인 과업을 짊어지게 되었다. 이러한 관점에서 필자는 일찍이 『佛敎文化學의 새로운 展開』를 통하여 불교문화학의 개념과 범위, 그 연구방법론을 제시하고, 실제적으로 여러 가지 문제를 고찰해 본 바가 있었다.

그 후로 불교문화의 소중한 실상과 그 위상이 새롭게 인식될수록 불교문화학계의 과제는 더욱 확대되고 그 연구 활동의 전망이 그만큼 밝고 무겁게 되었다. 이런 도정에서 이 불교문화의 시급한 몇 문제를 나름대로 논의하여 여기 저기 발표한 것이 있었다. 이제는 이 졸고들을 한데 모아 재정리하고 체계를 세워 『佛敎文化學의 새로운 課題』로 간행하게 되었다. 그러니 이 졸지는 먼저 것과 자매편이 되는 터다. 이에 그 내용을 개관하면 이러하다.

---

17 중앙인문사, 2010년 한글날에, ISBN 9788989442271

제1부에서는 불교문화학의 연구방법론을 내세워, 그 새로운 방향을 모색하고 그 당면과제를 탐색해 보았다. 나아가 실제적으로 불교문화학 중심의 공연문화학을 설정하여 그 과제와 연구방향을 제시하게 되었다.

제2부에서는 사찰과 능묘의 문물을 불교문화학적으로 고구하였다. 여기서는 미륵사지 문물의 예술사적 실상과 위상을 검토하고, 백양사 문물을 불교문화학적으로 고찰하였다. 그리고 무령왕 문물의 불교문화학적 성격을 재론하되, 그 연화문을 중심으로 접근하였다. 나아가 백제금동대향로의 불교문화적 실상을 고증하여 그 특성을 규명해 보았다.

제3부에서는 불교어문학 상의 몇 문제에 대하여 고구하였다. 먼저 훈민정음 창제·실용의 실상과 그 과정을 불교문화학적으로 검토하였다. 그리고《월인석보》제25권에 실린〈아육왕전〉을 소설로 규정하고 그 형성·전개과정을 계통적으로 추적하는 한편,《법화경》에 얽힌 영험담을 집성한《법화영험전(法華靈驗傳)》을 문학적으로 고찰하였다. 나아가 서포 김만중의 사상적 기저와 철학을 불교적 관점에서 살피고 그 충효사상과 문학세계를 파악하게 되었다.

제4부에서는 불교문화 전반에 대하여 시대적인 이해를 촉구하고 그 연구방향을 제시한 단편적 논설이 망라되었다. 실제로 '불교문화 영역의 확대와 확보'라든지 '불교문화의 보편성과 대중성', '불교문화 전통성의 새로운 인식', '외출한 불교문화재' 등 전반적인 것과 '미륵사지문물의 새로운 조명'이나 '훈민정음과 불교문화의 관계', '불교문화학의 현대적 계승방향' 등 개별적인 것까지 취급하였다.

이상의 논고들은 불교문화의 광활하고 보배로운 영역과 수많은 문제점에 비하면 빙산의 일각에 불과하다. 그러나 천릿길도 한 걸음부터라고 우선 눈앞에 보이는 시급한 문제부터 합리적으로 해결함으로써, 불교문화학계의 과제가 무엇이고 그 효율적인 해결 방안이 어떤 것인가를 새롭게 인식하는 계기가 되기를 바랄 따름이다.

　이 논저는 일찍이 사상호 회장의 도움으로 간행될 예정이었다. 그런 과정에서 마침 중앙불교연합대학원이 세계백제대전에 즈음하여 『백제불교문화학의 새로운 과제』를 주제로 불교문화학술토론회를 주관하게 되면서 이 논저의 제2부를 발제의 원고로 활용하는 계기를 맞았다. 따라서 이 논저는 그 학술토론회의 발제 논문집을 겸하여 서둘러 간행된 결과가 되었다. 이런 학술회의를 주최하여 이 책의 간행을 밀어 주신 제6교구본사 마곡사 주지이며 본 대학원 총재이신 원혜 스님과 대전거사림연합회 회장이며 본 대학원 이사장이신 류해상 회장께 감사를 드린다.

11) 『훈민정음의 창제와 실용』[18]

　훈민정음이 한국의 문자 '한글'로서 날이 갈수록 그 진가가 드러나고 세계적 첨단문자로 각광을 받게 되니, 이에 상응하여 그 창제·실용과정의 찬연한 역사가 올바로 밝혀져야 하는 것은 너무도

---

[18] 도서출판 역락, 2014년 한글날에 즈음하여, ISBN 9791156860877 93710

당연한 일이다. 이 방면 전공학자들의 연구업적에 고무되어, 이런 과제에 관심을 가지고 공부하기 시작한 것이 어언 50년을 헤아리게 되었다. 일찍이 정음 이래《월인천강지곡》·《석보상절》내지《월인석보》등 국문불경과 방대한 국문소설·국문희곡 등의 형성·발전을 탐구하는 과정에서, 왕실·불교계에서는 이 정음을 즉각 환영하여 전용하고 있는 터에, 조정·유교계에서는 이를 반대·철폐하려 신명을 걸면서, 부득이 찬성·편찬한《훈민정음해례본》이나《용비어천가》·《동국정운》등에서 정음 수용을 극단적으로 최소화하고 교훈서·유경의 언해를 불가피 착수는 하되, 유보·연기로 대응하였다는 사실이 확인되었다.

그렇다면 이 정음은 세종이 친제하였으되, 조정·유교계의 정예 집현전 학사들의 협찬으로 창제되고 그들의 정음진적을 통하여 실험·실용된 것이라는 통설에서 커다란 문제점이 발견되는 것이다. 그러하여 이미 얽어낸 불교문화나 불교문화 관계의 출고에서 기회 닿는 대로, 정음은 세종이 앞장선 왕실·불교계가 주도하여 창제·실용되었다는 의견을 부수적으로 논의한 적이 있었다. 그러다가 최근에『훈민정음 창제와 실용의 불교문화학적 고찰』에서 그간의 단편적 논의를 집성·보정하여 그 총화된 견해를 개진·강조한 바가 있었다. 그 후로 이 정음 창제·실용 자체뿐만 아니라 그 배경이나 주변 문화를 주의 깊게 통찰하는 마당에서, 이 견해를 보강할 만한 전거를 찾아 몇 편의 논문을 얻게 되었던 것이다. 내친 김에 이 모자란 논문들을 체계적으로 정리·보완하여 부족한 채로 한 권의 책,『훈민정음의 창제와 실용』으로 묶어 내게 되었다.

제1부 '총론'에서는 정음의 창제경위를 불교적 배경과 창제의 주체, 그 동기와 창제의 실제로 나누어 검토하고, 이 창제·실용의 문화사적 위상을 그 보급·유통과 함께 국어사와 종교·사상사, 문학·예술사, 한국문화사에 끼친 영향 등에 걸쳐 총괄하였다.

제2부 '훈민정음의 창제 배경과 실제'에서는 역대 불교왕국의 불사와 문자정책을 전제하고, 역대 학승들의 불교문자 제작과 활용 상황을 점검하며, 조선 초기 불교왕국과 훈민정음 창제의 실제적 과정을 검토하고 나아가 그 문자적 원본인 《예의언해》의 실상과 정음 실용·보급상의 시발적 역할을 고찰하였다.

제3부 '훈민정음의 실용 양상'에서는 먼저 《월인천강지곡》의 정음 실용과 유통양상을 검토하고, 이어 《월인석보》의 정음문화적 전개를 통하여 정음 활용의 실상을 파악하였다. 한편 《동국정운》의 편찬경위와 활용양상을 통하여 그 개선한자음이 위 국문불경과 불경언해에만 통용된 사실을 밝히고, 불경언해의 문학적 실상과 전개에서는 그 불경언해가 이 정음을 적극 발전·보급시킨 사실을 강조하였으며, 또한 《석가여래십지수행기》 등 신라·고려대의 법문적 작품이 국역되어 국문문학으로 형성·발전되어 왔음을 고찰하였다. 끝으로 조정·유교계의 정음 실용대책에 그 반대·철폐운동에 이어 부득이한 정음전적을 찬성·편찬하되 최소한의 수용을 획책하고, 어명에 의한 언해사업에 착수는 하되 유보·지연시키는 대응을 하다가, 정음의 보급 역량에 의하여 개방적으로 수용하게 되면서, 그 백성문자세계를 열었다는 사실까지 논의하였던 것이다.

이상은 본래 저서로서 논술된 것이 아니고 개별적 독립 논문을 통하여 체계화된 것이기에, 전체적 통일성이 부족하고 더러는 중복된 부분도 있는 것이 사실이다. 그런데도 큰 틀을 전제하면서 저술하였기로 별다른 차질은 없을 것이다. 이로써 사계의 질정을 받고자 함이며, 이를 계기로 찬연한 정음의 창제·실용사, 그 영광의 발전사·문화사를 보다 올바르게 파악·평가하는 데에 본격적으로 주력하기를 기대하는 의미가 있을 뿐이다.

돌아보건대, 위로 세종과 세조, 신미와 김수온 등 고승·석학의 공적을 기리고, 지헌영·김완진 은사를 비롯한 사계 석학의 교시, 인환스님·도문스님을 위시한 대덕·학승의 격려, 지금까지의 건강과 지혜를 주신 부모님의 은혜에 감사하며, 평생 평온한 진실행의 내조, 그간의 논저를 모두 편집·교정해 준 큰 딸 은경 이하 자녀들의 노력, 노태조·경일남·김진영 교수 등 제자들의 후원에도 고마운 뜻을 표한다. 아울러 어려운 가운데 이런 책을 기꺼이 출판해 준 역락 이대현 사장에게 사의를 전하고자 한다.

12) 『무령대왕과 백제불교문화사』[19]

우리 삼국시대의 문화가 찬란하였다는 사실을 확인하면서도, 백제시대의 문화가 그 주류를 이루어 왔다는 점을 인정하기는 매우 어려운 실정이었다. 그러나 광범위한 백제학의 관점으로 백제사,

---

[19] 도서출판 역락, 2015년 1월, ISBN 9791156861348 93810

문화사를 연구·개발하는 과정에서 점차 밝혀진 사실은 그 문화의 찬란한 실상과 선진화한 위상이라 하겠다. 그리하여 이 백제문화가 고구려나 신라의 문화에 앞섰을 뿐만 아니라, 당시 중국이나 일본의 그것에 결코 뒤지지 않았다는 사실까지 입증되고 있다. 그러기에 이 백제문화가 삼국문화의 주류를 이루어 왔다는 전형까지 다룰 수 있었던 것이다.

백제문화의 핵심·주류를 이루어 온 것은 불교문화였다는 사실을 부인할 수가 없다. 역대 불교제국이 그러했듯이 백제도 무령왕대를 중심으로 불교왕국을 건설하여 만반의 대작불사로써 찬연한 불교문화를 창조·발전시켜, 그 문화를 이끌어 왔기 때문이다. 기실 한성백제시대에 전래·정착된 불교는 웅진백제시대에 이르러 발전·융성하여 찬란한 불교문화의 전통을 사비백제시대로 넘겨주었던 사실이 확인되었다. 그 불교문화의 발전·융성의 중심에 바로 무령왕이 자리하고 있었던 것이다.

무령왕은 인도의 아육왕이나 양나라의 무제처럼 적통이 아니면서 그 탁월한 왕재와 전능한 지도력으로 말미암아 신민이 추대하여 왕위에 올랐다. 원래 무령왕은 신이한 출생으로 비범한 문무를 갖추고 숭불·수행하여 승왕으로 군림하며 불교중흥을 통하여 강대한 백제왕국을 건설하였다. 그러기에 무령왕은 저 아육왕의 특출한 불사행적을 본받고 무제의 출중한 불교정책과 동시적으로 교류하면서, 그에 필적하는 대작불사를 통하여 국토를 넓히고 국력을 크게 진작시켰던 터다.

마침내 무령왕은 왕불일여의 권능으로 궁성 내에 원찰을 비롯하여 왕궁을 옹위하는 사방에 진호사찰을 창건하고, 외방 성벽 안에 호국원찰을 설립하여 국방불사에 적극 매진하였다. 나아가 전국 각지 요충지대와 호족들의 득세지역에 대찰을 건설케 하여 정치·종교정책의 본거지로 삼고, 모든 국토와 신민을 일체 복속시키는 데에 다대한 성과를 거두었다. 여기에 무령왕은 아육왕이나 무제의 대작불사와 불교문화의 장관에 교류·호응하여 국제적인 불사에 전념함으로써, 전무후무한 불교문화의 황금시대를 열고 공자탑을 세웠던 터다.

무령왕의 행적과 공업은 역사상 찬연하여, 백제불교의 빛을 오늘에 찬란하게 가라앉히고, 그 희미한 사적과 신화·전설만이 파괴·매장된 유적들과 함께 오전되고 있는 실정이다. 그러나 이제 빛살이 수면으로 솟아오르고 지하의 보물이 드러나듯이, 무령왕의 불교문화에 대한 공적이 그 일부분이나마 밝혀지기 시작하였다. 무령왕의 사적이 《삼국유사》 기이조 서동설화의 사실로 반신반의되면서 그 행적을 어림하는 데에 설왕설래되던 차에, 마침내 그 왕릉의 문물이 발굴됨으로써 새로운 세기의 국면을 맞게 되었다. 그로부터 무령왕의 행적과 공업에 대한 역사적인 조명이 다양하게 추진되는 가운데, 필자는 서동설화의 형성이나 미륵사의 창건, 그 왕릉의 문물 등을 불교문화학적으로 고찰한 바가 있었던 터다.

그 일련의 원고를 모아 우선 『백제 무령왕과 불교문화사』로 간행하였으니, 이로부터 무령왕의 대작불사에 따른 국제적 친연관계로부터 그 당시에 창건되었던 사찰들의 유적을 불교문화학적으로 탐색·재구하는 작업까지 시도하였던 터다. 이러한 과정에서 엮어낸 논고가 여러 편 되다 보니, 먼저의 줄지를 보완하고 체계화하는 차원에서, 이번의 『무령대왕과 백제불교문화사』를 출간하게 된 것이다.

제1부 '무령왕 행적의 불교사적 실상'에서는 우선 그 행적의 불교문화적 실상과 문화사적 위상을 검토하고, 무령왕이 대작불사를 성취하는 과정과 관련된 국제적 친연관계를 고찰한 다음, 왕릉의 문물을 불교문화사적으로 고구하여 그 생애의 공적과 결부시켜 보았다. 제2부 '무령왕 행적의 설화적 양상'에서는 서동설화를 무령왕 행적의 신화·전설·민담적 산물로 보고, 무강왕전설의 형성·전개과정을 추적하였으며, 서동설화의 불교문화적 측면과 서사문학적 양상을 고찰한 다음, 그 설화 속의 〈서동요〉를 문학적으로 논의하였다. 제3부 '백제 창건의 사찰문화사'에서는 무령왕대에 창건된 것으로 보이는 미륵사 문물의 예술사적 전개 양상을 고찰하고, 나아가 후대와 결부되어 창건된 것으로 보이는 비래사와 백양사 문물들의 불교문화적 전개과정을 추적하였다. 제4부 '백제의 불교문화'에서는 무령왕 이래 그 계통을 이은 백제금동대향로의 불교문화적 실상을 고찰하고, 백제계의 불교미술을 문화·문학적으로 검토하였다.

이 책은 처음부터 저서로 계획된 것이 아니라 개별적 독립 논고를 분야별로 정리한 것이기에, 전체적 통일성이 부족하고 더러는 중복된 부분도 없지 않을 것이다. 그럼에도 대체적인 주제와 방향에서는 큰 차질이 없을 것으로 본다. 이로써 사계의 질정을 받는 한편, 무령왕대로부터 발전·전개된 백제불교문화의 실상과 문화사적 위상을 탐구하는 작업이 본격화되기를 기대할 따름이다.

돌아보건대 백제문화의 독보적인 연구로 수범을 보이며, 이 방면으로 이끌어 주신 장암 지헌영 선생의 학은과 사계 석학들의 교시, 지금껏 건강과 지혜를 주신 부모님의 은혜에 감사하고, 진실행의 내조와 자녀들의 조력, 제자들의 후원, 나아가 어려운 가운데 이런 저서를 선뜻 간행해 준 역락 이대현 사장에게도 고마운 뜻을 전한다.

13) 『불교문학과 공연예술』[20]

지금 동양권 문화학은 실크로드의 불교문화를 중심으로 그 각국의 문화까지 총체적으로 연구하여 실크로드학이나 돈황학 등에 다대한 성과를 올리고 있다. 이에 한국학계에서도 중·일 학계와 함께 그러한 불교문화를 국제적 학제 간의 열린 방법론으로 연구하는 데에 동참하여 상당한 업적을 내고 있는 게 사실이다. 그리하여 이 방면의 광범위하고 정치한 연구가 바야흐로 본격적인 동양학·인문학과 문학·예술학의 새로운 지평을 열어가고 있는 터다.

일찍이 필자도 이러한 관점과 방법론으로 한국불교문화, 그 문학·예술을 나름대로 연구하여 왔다. 이와 같은 불교문학·예술이 그대로 한국문학·예술로 발전·전개되어 왔기 때문이다. 기실 한국문학과 예술은 그 시원적 형성·전개와 전통을 가지고 이러한 불교문학·예술의 세계와 유통·교류하면서 본격적으로 발전·전개된 사실이 확실하게 밝혀졌다. 따라서 필자도 이러한 한국문학·예술의

---

20 태학사, 2016년 10월 9일, ISBN 9788959667802 93800

주류로서 불교문학·예술을 고구한 논저를 몇 권 펴낸 바가 있다.

나아가 최근 실크로드학이나 돈황학 등의 첨단적 추세에 따라, 그동안 불교계의 전유물로 취급·방치되어 온 보배로운 원전·자료들을 불교문학·예술로 확인하고 적극 연구·개발하여, 여러 편의 졸고를 기회 있는 대로 얽어내게 되었다. 그 한국문학·예술의 연구 방법론을 재론하면서, 실크로드 문화와 한국 문학·예술의 관계, 불교계 역사서나 불경언해, 제반 불서와 의례집 등에 이르기까지 관심을 가졌기에, 그 논고가 범박할 수밖에 없었다. 그리하여 이를 좀 더 다듬고 체계적으로 정리하여 부족하나마 한 권의 책으로 묶어 내기에 이르렀다. 이것이 바로 이 『불교문학과 공연예술』이다.

제1부에서는 '불교문학 총론'으로서, 먼저 불교문학·문학사의 연구 과제를 점검하고, 《한국불교전서》의 문학적 실상과 전개 양상을 고찰하며, 문학·예술 중심의 사찰문화로서 비래사 문물의 불교문학적 전개를 탐색하여 보았다.

제2부에서는 '불교문학과 예술세계'로서, 실크로드의 불교미술과 문학을 검토한 다음, 실크로드의 불교문학과 연행양상을 탐색하고, 관음전승의 문학적 실상과 예술적 전개를 고찰하였으며, 나아가 〈반야심경언해〉의 문학적 실상과 연행 양상을 거론하였다. 제3부에서는 '불교재의의 공연양상과 문학세계'로, 불교재의궤범의 연행 양상과 문학적 전개를 고구하고, 수륙재의궤의 공연 양상과 희곡적 전개를 검토하였으며, 〈사리응험기〉의 공연 양상과 희곡적 전개를 탐구하게 되었다.

이 책은 처음부터 저서로 계획된 것이 아니고 개별적 독립 논고를 분야별로 정리한 것이기에, 전체적 통일성이 부족하고 더러는 중복된 부분도 없지 않을 것이다. 그렇지만 대체적인 주제와 방향에는 큰 차질이 없으리라고 본다. 이로써 사계의 질정을 받는 한편, 한국의 불교문화·문학·예술을 범세계적으로 확대시키고, 개방적이고 첨단적인 방법론으로 적극 연구·개발하기를 기대할 따름이다.

돌아보건대, 사계의 학문정신과 방법론을 일깨워 주신 지현영, 김열규 두 은사의 학은과 사계 석학의 교시, 지금껏 건강과 지혜를 주신 부모님의 은혜에 감사하고, 진실행의 내조·격려와 은경이 이하 자녀들의 조력, 김진영 교수를 비롯한 제자들의 후원에 고마운 마음을 표하며, 나아가 어려운 가운데도 이런 저서를 선뜻 간행해 준 태학사 지현구 사장에게도 감사의 뜻을 전한다.

14) 『한국의 고전과 공연예술』[21]

한국의 고전문학과 공연예술은 둘이면서 하나다. 이 문학이 공연예술의 대본·극본이기 때문이다. 원래 문학·희곡은 공연예술로 생동·발화하고 마침내 공연예술은 문학·희곡으로 귀착·결실되는 게 당연하다. 실제로 문학·희곡이 문자로만 고착되어, 낭독으로부터 시작되는 공연예술과 단절된다면 그것은 유폐·사장된 잔해에 불과하고, 한편 공연예술의 실연에만 치중하여, 그 구비·문장으로 조성

---

[21] 소명출판, 2018년 가을, ISBN 9791159053054 93810

되는 그 대본, 문학·희곡을 묵살하면, 그것은 한 차례의 불꽃 같은 잔영일 수밖에 없다. 그동안 이 희곡·문학의 연구가 공연예술과 무관하게 진행되거나 공연예술의 탐구가 문학·희곡을 등한시하는 경향이 없지 않았다. 그러기에 문학·희곡의 연구가 공연예술과 무관하게 진행되지 않는다. 그간의 연구가 문학을 중심으로 그 예술적 공연 양식까지 추적하고, 공연예술의 탐구가 공연을 주축으로 그 극본·희곡의 실재까지 파악하는 데로 나아가야 마땅하다. 그래야만 전통적 문학·예술의 실상·진가가 입체적으로 발양되고 문학·예술사 내지 문화사적 위상이 종합적으로 파악되기 때문이다.

이러한 관점과 방법론으로 우리 문학·희곡과 공연예술을 중점적으로 연구해 온 게 사실이다. 그리하여 그동안의 이 방면 논고를 총망라하여 『한국의 고전과 공연예술』로 출간하게 되었다. 이 책은 다음과 같이 구성되었다.

제1부 방법론적 총론에서는, 먼저 공연문화학의 과제로 그 연구상의 원전의 영역을 확장하고 그 연구방법론을 참신하고 과학적으로 개발해야 된다고 제시하였다. 그리고 한국희곡의 원전을 여러 분야에서 탐색 개발하여 다양화하고, 그 첨단적 희곡론에 충실하여 입체적인 연구로 나아가야 된다고 논의하였으며, 이어 한국희곡사의 실제 양상과 극본 실태를 점검하고, 그 장르적 실상을 검토하면서, 이 희곡사의 실제적 전개과정을 파악하였다. 한편 한국음악 관계의 문헌을 유형적으로 분류하고, 그 공연 대본적 성격을 규명하면서 희곡적 실상을 밝혀내고, 그 예술사적 위상까지 파악하였다.

제2부 불교문학과 공연예술에서는, 우선 불교문학의 실상과 그

유통 양상을 전제하고, 그것이 불교미술과 불교음악, 불교무용, 불교연극으로 전개된 내막을 살피면서, 실제로 불교연극의 형성과정과 전개 양상을 통하여 그 장르적 실상을 규명하였다. 그리하여 불교고사가 변문적 유전과 소설적 전개를 통하여 희곡 장르로 연진되는 과정을 고찰하였다.

제3부 강창문학과 공연예술에서는, 먼저 한국 가요전설의 형성과정과 강창문학적 성격을 밝히고, 그 문학적 실상 위에서 희곡 장르로 전개되었다고 논의하였다. 이어 강창문학의 중국적 배경과 한국적 형성 전개과정을 연계시켜 살피고, 문학적 구조 형태와 희곡적 실상을 규명할 때, 그 연극적 유통 양상을 탐색하면서, 희곡사상의 위상까지 파악하였다. 한편 강창문학의 전통적 극본적 실상을 밝히고, 연극적 공연과 판소리 연행의 상통성을 전제로, 강창극이 변모 발전하여 판소리로 전개되었다고 논증하였다. 나아가 판소리가 공연예술, 강창극임을 전체하고, 형성 전개과정을 검토하면서, 연극적 실상과 장르적 전개 양상을 고증하고, 문학 예술사상의 위상까지 파악하였다.

이로써 한국의 고전문학·희곡과 공연예술의 실상 내지 전개과정이 중점적으로 논의된 것으로 보인다. 그러나 이것은 도도한 한국문학 예술에 대한 올바른 파악에 있어서는 빙산의 일각에 불과하다. 더구나 이 논저는 처음부터 저서 체계로 쓰인 것이 아니고, 그에 관한 임의적 논문 형태로 이뤄진 것이기에, 그 전체적 체계에서 어긋날 뿐만 아니라, 때로는 기술상에서 중복되는 점도 없지 않을 것이다. 다만 그에 대한 완벽한 논술을 위하여 그만한 발원을 세우고 정성을 기울인 것만은 사실이다.

돌이켜보건대 사계의 학문정신과 방법론을 일깨워 주신 지현영·김열규 두 은사의 학은과 사계 석학의 교시, 지금껏 건강과 지혜를 주신 부모님의 은혜에 감사하고, 진실행의 내조·격려와 은경 이하 자녀들의 조력, 특히 김진영 교수의 적극적인 도움에 고마운 마음을 전하며, 나아가 어려운 가운데도 이런 저서를 선뜻 간행해 준 소명출판 박성모 사장에게도 감사의 뜻을 표한다.

15) 『한국의 제의와 희곡문학』[22]

제의학파의 예술·문화에 대한 이론이 널리 보편화되고, 날로 새로운 의미를 더해가고 있다. 고금을 통하여 모든 제의는 그 연행을 통하여 연극으로 발전·전개되고, 그 구비상관물이 극본·희곡으로 형성·전개되었기 때문이다. 그러하여 주변 각국의 학계에서는 이런 제의의 연극적 발전과 희곡적 전개 양상을 올바로 연구하여, 문학·예술사를 체계적으로 파악하는 데에 이바지하고 있다.

기실 한국의 제의는 불교제의나 무속의례를 중심으로 그 연행이 연극형태로 발전·전개되고, 그 대본이 극본·희곡 형태로 형성·전개된 게 보편적 사실이다. 그러하여 고금의 제의가 연행·유통을 통하여 한국의 연극·희곡의 한 축을 이루어 문학·예술사를 이끌어

---

[22] 소명출판, 2018년 가을, ISBN 9791159053252 93810

온 게 확연한 터다. 그런데도 우리 학계에서는 이 분야를 경시하고 방치해 온 것이 부인할 수 없는 실정이었다.

일찍부터 이 분야에 착안하고, 불교제의에 집중하여 연행의 연극적 공연 양상과 대본의 문학·희곡적 실상을 탐색·고구하고, 나아가 그것이 문학·예술사상에서 차지하는 위상을 파악하는 데에 힘써 왔던 터다. 그리하여 이 방면의 논고를 수합·정리하여『한국의 제의와 희곡문학』을 묶어 내게 되었다. 작으나마 이것이 한국희곡·연극사를 체계화하는 데에 보탬이 되리라 믿었기 때문이다. 그와 같은 내용을 이 책은 다음처럼 다루었다.

제1부 제의 공연과 희곡문학에서는 먼저 무령왕릉 문물의 불교적 성향을 통하여 무령왕에 대한 거듭된 추모제의가 연극적 공연을 거쳐 신화·전설적 대본, 극본·희곡으로 형성되었으리라 추정하였다. 그리고 이 제의가 연극적 공연으로 발전·전승되면서, 그 궤본·대본이 극본·희곡으로 형성·전개되었다고 검증하는 한편, 이 불교제의의 대표·전형인 영산재가 그 연행을 통하여 연극 형태로 발전·전개되면서, 궤본·대본이 자연 극본·희곡으로 제작·전개되었다고 거론하였다. 이로써 다양한 제의가 연행·유전을 통하여 연극으로 전개되면서 의례 대본이 자연 극본·희곡으로 역할·행세한 계맥이 밝혀지게 되었다.

제2부 제의 유형과 희곡문학에서는, 우선 불교명절 중의 하나인 우란분재가 목련전승을 주축으로 연극적 공연을 통하여 연극 형태를 보이면서, 그 대본이 문학·소설과 결부되고 마침내 희곡 형태로 정립·행세하였다고 거론하는 한편, 불탄재와의 직결된〈실달태자

전〉이 변문계의 전기문학으로서 복합적인 희곡 형태로 정립되고, 나아가 각종 문학 장르로 전개되면서, 연극적으로 공연·행세하였다고 거론하였다. 그리고 이런 불교제의 유형에 상응하여 무속제의가 성행하는 가운데, 그 무가가 연극적 공연을 통하여 서사적 구조의 극본 형태를 갖추고 희곡 형태로 전개되었다고 논증하였다. 이로써 불교·무속을 망라한 제의 유형들이 모두 연극을 통한 극본·희곡으로 발전·전개된 윤곽이 드러나게 되었다.

제3부 신앙의례와 희곡문학에서는, 먼저 법화신앙·관음신앙의 제의 연행을 통하여 형성된 《법화영험전》이 찬성·유통되면서 서사문학·소설 형태를 보이고, 연극적 공연의 극본·희곡으로 정립·행세하여, 불교예술적 위상을 보였다고 고구하였다. 그리고 한·중 고승전이 서사적 전기문학으로서 그 전승 과정을 통하여, 시가와 수필, 소설과 희곡 장르로 전개되었음을 밝히고, 또한 불타신앙을 통하여 형성된 국문불전이 유통 과정을 거쳐 각각 문학 장르로 전개되면서, 국문문학사상에서 중요한 역할을 해 왔다고 규명하였다. 역시 미타신앙 염불재에 따른 〈왕랑반혼전〉의 원전과 유통 상황을 전체로, 그것이 연극적 공연을 통하여 극본·희곡의 실상을 보였다고 밝혔다.

이로써 한국의 제의가 실제적 연행을 통하여 연극 형태로 전개되고, 그 대본이 극본·희곡으로 정립·행세한 계맥이 전체적으로 파악되었으리라 본다. 그러나 도도한 한국문학·예술에 대한 올바른 파악에 있어서는 빙산의 일각에 불과하다. 더구나 이 논저는 처음부터 저서 체계로 쓰인 것이 아니고, 그에 관한 임의적 논문 형태로 이뤄진 것이기에, 전체적 체계에서 어긋날 뿐만 아니라, 때로 기술상에서 중복되는 점도 없지 않을 것이다. 다만 그에 대한 완벽한 논증을 위하여 그만한 발원을 세우고 정성을 기울인 것만은 사실이다.

 돌아보건대 사계의 학문 정신과 방법론을 일깨워 주신 지현영·김열규 두 은사의 학은과 사계 석학의 교시, 지금껏 건강과 지혜를 주신 부모님의 은혜에 감사하고, 진실행의 내조·격려와 은경 이하 자녀들의 조력, 특히 김진영 교수의 적극적인 도움에 고마운 마음을 전한다. 나아가 어려운 가운데도 이런 저서를 선뜻 간행해 준 소명출판 박성모 사장에게도 감사의 뜻을 표한다.

16) 『한국의 희곡과 시대 양상』[23]

 세계 모든 나라의 문학·예술이 그러하듯이, 한국의 문학·예술은 희곡과 연극이 장르적 전형을 보이며 문학·예술사를 주도하여 왔다. 기실 희곡 장르는 당대의 모든 문학 장르와 교섭하고 이를 포용한 종합문학적 실상을 유지하면서, 연극적 공연을 통하여 유통사를 이끌어 왔기 때문이다. 그러기에 중국·일본의 학계에서는 이 분야에 중점을 두어 상당한 성과를 내고 있는 게 사실이다. 그런데 한국 학계에서는 이 부문에 소홀하여, 적어도 고전시대의 희곡 장르를 설정·공인하지 않는 한편, 겨우 그 시대의 연극을 논의하는 가운데 곁들여 대본의 면모를 거론하는 실정이다.

---

[23] 소명출판, 2018년 가을, ISBN 9791159053030 93810

그리하여 일찍이 희곡의 형성·전개 과정과 연극적 공연의 시대적 양상을 고구·파악하는 데에 힘써 왔던 것이다. 그래서 전형적 작품을 골라, 그 희곡적 실상과 연행 양상, 나아가 문학·예술사상의 위상까지 고구·검증하는 데에 주력하였다. 이러한 희곡의 작품론을 통하여 장르적 실상과 희곡사가 구체적으로 실증되기 때문이었다. 이제 그동안의 논고들을 망라하고 시대적으로 체계화하여, 『한국의 희곡과 시대 양상』으로 엮어 내게 되었다. 이것이 작으나마 한국희곡사의 대강을 그 연극사와 더불어 중점적으로 조명하는 계기가 되리라 믿었기 때문이다. 그러한 내용을 이 책에서는 다음과 같이 셋으로 나누어 놓았다.

제1부 고대·신라시대의 형성 양상에서는 우선 공무도하전승의 계통과 성격을 추적하고, 그 연극적 공연 양상과 희곡적 실상을 재구하였다. 이어《삼국유사》전승의 전형인 〈원효불기〉와 〈영재우적〉 등의 형성·제작 경위를 추적하고 희곡적 실상과 연극적 공연 형태를 재구하여 신라시대 희곡·연극의 형성 양상을 파악하였다.

제2부 고려시대의 발전 양상에서는. 먼저 그 시대 연극과 희곡 형태를 전반적으로 점검하고 희곡의 장르적 전개를 파악하여 그 시대 희곡·연극의 발전적 면모를 입증하였다. 그리고 고려가요의 원형적 원전을 전제로, 서사적 구조가 희곡 형태를 지향하면서, 연극적 공연을 통하여, 그 시대의 희곡·연극의 발전적 계맥을 실증한다고 논의하였다. 이어 〈동명왕편〉의 강창문학적 성격을 전제로, 그 연극적 공연 양상을 추적하고 희곡적 실상을 밝히는 한편,《석가여래십지수행기》중 〈금독태자전〉의 찬성 경위와 성격을 검토하고, 그

희곡적 실상을 들추었으며, 연극적 공연 양상을 규명하여 문학·예술사상의 위상까지 파악하였다.

제3부 조선시대의 전개 양상에서는 우선 이 시대를 대표하여 집성된《월인석보》의 종합문학적 면모를 점검하고 그 유통 양상을 연극적으로 추적하면서, 희곡적 실상을 규명하는 한편, 문학·예술사상의 위상을 파악하여, 조선조 희곡·연극사의 대강을 어림하였다. 그리고 조선조의 대표적 악서로 알려진《악학궤범》의 음악 이론과 공연적 실제를 전제로, 공연대본으로서의 희곡적 실상을 밝히고, 그 의물·관복의 희곡적 요건까지 거론하여, 이 시대 희곡·연극의 일환임을 입증하였다. 이어 조선조 서사문학·소설을 대표하는 심청 전승의 원전·원본, 근원·형성을 추적하고, 그 주제·사상과 구조·구성, 문체·장르를 분석한 후 그게 결국 희곡 형태를 지향하면서, 연극적 공연으로 전개되었음을 파악하였다.

이로써 한국희곡의 형성·발전·전개를 공연과 함께 일관하는 얼개가 파악되었으리라고 본다. 그러나 그 도도한 한국문학·예술에 대한 올바른 파악에 있어서는 빙산의 일각에 불과하다. 더구나 이 논저는 처음부터 저서 체계로 쓰인 것이 아니고, 그에 관한 임의적 논문 형태로 이뤄진 것이기에 전체적 체계에서 어긋날 뿐만 아니라, 때로 기술상에서 중복되는 점도 없지 않을 것이다. 다만 그에 대한 완벽한 논술을 위하여 그만한 발원을 세우고 정성을 기울인 것만은 사실이다.

돌아보건대 사계의 학문정신과 방법론을 일깨워 주신 지헌영·김열규 두 은사의 학은과 사계 석학의 교시, 지금껏 건강과 지혜를 주신 부모님의 은혜에 감사하고, 진실행의 내조·격려와 은경 이하 자녀들의 조력, 특히 김진영 교수의 적극적인 도움에 고마운 마음을 전하며, 나아가 어려운 가운데도 이런 저서를 선뜻 간행해 준 소명출판 박성모 사장에게도 감사의 뜻을 표한다.

17) 『한국의 사찰과 불교문화의 전통』[24]

불교는 한국문화·문명의 전통이라 하니, 그것은 분명하고 필연적인 사실이다. 실제로 삼국시대 불교가 전래된 이래, 신라와 고려, 조선시대까지도 모든 사찰은 그대로 불교세계로서 문화의 원천이요, 산실이며, 원형이요, 현장이 되어 불교문화를 주도하면서 민족문화의 핵심·주류를 이루어 왔기 때문이다. 원래 불교는 우주 자연의 이치, 보편적인 진리세계로 문화로써 발현하고 문화로써 존재하고 문화로써 권능을 보이니, 언제 어디서든 민족문화로 융합·전개되었던 것이다. 따라서 우리가 문화민족·문화국민의 차원에서 찬연한 민족문화사를 돌아볼 때, 불교문화사의 실상과 위상은 실로 그만큼 중대하고 성스러운 긍지요, 영광이라고 아니할 수 없다. 그런데 이처럼 유구한 전통의 불교문화를 부정·말살하려는 정책이나 사조가 작용했던 것이 사실이다.

흔히들 조선시대의 숭유배불정책이나 유가적 사조를 운운하지

---

[24] 민속원, 2020년 11월 30일, ISBN 9788928515127 94380

만 이를 인정·수용하였으며, 순수한 민중들도 이를 신봉·실천하여 왔던 것이다. 그런데 20세기 말기를 거쳐 21세기 문화시대에 들어서면서, 이 불교문화·문화사를 혹시·부정하거나 왜곡·절하시키려는 사조와 학풍이 머리를 드는 경향이 나타난 것 같다. 서구식 현대문화의 첨단적 관점과 현대 종교의 전교적 시점에서 이 엄연한 불교문화를 특정 종교의 고유한 관습사나 상대 종교의 이단적 교리사 정도로 몰아가려는 풍조가 일어나고 있는 것이 현실이다. 그러나 그러면 그럴수록, 고금의 우리 정신문화사에 내질화되어 있는 이 불교문화사는 그 자체로서 찬연하게 빛나는 터다. 누가 뭐래도 지구는 돌듯이, 달이 밤에 더욱 빛나듯이 말이다.

이에 불교계, 학계에서는 충격을 받고 불교문화를 연구 개발하는 데에 주력하게 되었다. 그래서 필자도 신앙·학문적 사명감을 가지고 불교문화가 민족문화라는 전제 아래, 그 분야에 걸쳐 나름대로 공부하게 되었다. 마침내 불교문화의 여러 분야에 걸친 전문 학자들이 그 성과와 역량을 결집하여 한국불교문화학회를 설립하고 전공별 연구에 매진하여 그 성과를 학술지 『불교문화연구』로 내게 되었다. 여기서 이 학회의 이름으로 한국불교문화학의 개념과 범위를 확정하고, 불교사상을 바탕으로 불교학술을 비롯하여 불교미술·불교제의·불교문학·불교언어문자·불교문서·불교연행·불교민속·불교풍속 등의 전공분야를 설정·탐구하였다.

이러는 과정에 필자는 불교문화와 예술 분야를 중심으로 인접 분야를 공부하여 그 성과를 『불교문화학의 새로운 전개』와 『불교문화학의 새로운 과제』를 출간하고, 이어 『불교문학과 공연예술』을 출간하며, 불교문화학 중심의 『한국문학유통사의 연구』까지 간행하였던 터다. 그러는 가운데 이 불교문화의 원천·산실이요 원형·현장인 사찰문화를 탐구하는 것이 본무임을 절감하고, 이른바 '사찰문화학'을 모색하면서, 국내외 많은 사찰을 탐방·참구하고 체험한 나머지, 각 분야에 걸친 여러 편의 논문을 내어놓은 적이 있다. 그리하여 이 사찰문화가 바로 불교문화요, 그대로 우리 문화라는 것을 실증하게 되었다.

이제 그동안의 졸고를 모아 체계적으로 정리하여 『한국의 사찰과 불교문화의 전통』으로 엮어 내게 되었다. 그 내용은 대강 이러하다. 제1부 '사찰문화의 연구 총론'에서는 불교문화에 대한 연구방법론과 한국사찰의 문화론적 접근에 관하여 총괄적으로 논의하였다. 제2부 '사찰문화의 연원과 전통'에서는 이미 그 이름만 남기거나 사지만 있는 사찰 문물의 불교문화적 연원과 전통을, 《삼국유사》 소재 사찰과, 백제권 사찰사 등을 중심으로 추적·재구하였다. 제3부 '사찰문화의 현장과 실태'에서는 현재 고찰 문물의 불교문화적 현장과 실태를 비암사와 법주사·낙산사를 사례로 삼았다. 제4부 '사찰문화의 계승과 유통'에서는 이제 사찰문화로 보편화되어 유통되는 불교문화의 몇 가지 유형을 일반문화와 직결시켜 논의하였다. 불타의 팔상행적을 비롯하여 불탑사리 문물, 훈민정음의 창제와 실용 등은 물론 불교연행의 형태로 〈땅설법〉의 전승과 위상을 탐색하였다.

이 책은 애초부터 기획·저술된 것이 아니고 개별 논문으로 나온 것을 분야별로 정리한 것이기에, 전체적 통일성이 부족하고, 더러는 중복된 부분도 없지 않을 터다. 그런대로 이것이 대체적인 주제·

내용과 방향에서는 크게 어긋나지 않으리라고 본다. 그러면서 이것은 그 분야의 개설보다는 주제 중심의 구체적 논증이 집중적으로 전개된 점에서 신빙성을 더하는 게 아닌가 싶다. 이로써 사계의 질정을 기다리는 한편 이 사찰문화, 불교문화사가 민족문화사·한국문화사로 재삼 고구되고 찬연히 부활·선양되기를 바랄 따름이다.

돌아보건대 사계의 학문정신과 방법론을 일깨워 주신 지현영·김열규 은사님과 사계의 석학, 지관·인환 등 학승들의 교시, 지금껏 건강과 지혜를 주신 부모님의 은혜에 감사하고, 진실행의 내조·협력과 은경 이하 자식들의 협조, 김진영 교수를 비롯한 제자들의 후원에 고마운 마음을 전하며, 나아가 어려운 가운데도 이런 저서를 선뜻 출판해 준 민속원 홍종화 사장님께도 감사의 뜻을 표한다.

18) 『《삼국유사》의 문예 형상과 문학의 갈래, 그 연행 양상』[25]

《삼국유사》는 민족문화·인문학의 보고다. 우리 민족의 사상·종교·예술·정신문화를 문학으로 표현·기술한 보전이기 때문이다. 그러기에 그 글자·낱말·문장 하나하나로부터 각 편에 걸쳐 그 전체가 보배롭기 이를 데 없는 것이다. 따라서 그동안 인문학 각개 분야에서 이 보전(寶典)의 진가를 구명·선양하기 위하여 연구를 거

---

25 민속원, 2021년 5월 15일, ISBN 9788928516070 94380

듭함으로써, 찬연한 연구사가 성립된 게 사실이다. 그중에서도 문학계와 예술계의 연구 성과가 주목된다.

기실 문학·예술적 관점에서는 이 보전의 각 편이 모두 독자적 작품이라 하겠다. 그 각 편 전부가 문학작품이요, 상당 부분이 예술·예술사를 담고 있기 때문이다. 그런데도 문학계에서는 이 보전 중에서 향가를 중심으로 하는 시가와 저명한 설화의 각 편만을 선택하여 고구를 거듭하면서, 나머지 산문계 작품을 방치한 결과가 되었다. 그리고 예술계에서는 미술사학계가 그 미술·미술사적 내용의 비중에 따라, 그 전거 자료로 선택·활용하였고, 공연예술계가 그 내용 면에서 필요한 부분만을 참고 자료로 이용했을 뿐이다.

필자는 일찍부터 이 보전의 각 편을 문학론·갈래론·연행론에 따라 고구하기 시작하여, 그 갈래적 성향과 갈래사적 경향을 탐색하기에 이르렀다. 그래서 이 보전의 각 편 전체가 문학 갈래적 실상을 보이고 갈래사적 계통을 이루고 있다는 점이 확인되었던 터다. 크게 보아 이 보전은 삼국 이래 신라·고려기를 거쳐 이어지는 한국문학 갈래사라는 결론에 이르렀던 것이다. 그러면서 이 각 편들의 내용을 통하여 문학과 포리 관계에 있는 예술적 실상과 예술사적 위상을 갈래별로 파악할 수가 있었다. 그리하여 이 보전이 역시 한국예술 갈래사를 견인하여 왔다는 사실이 분명해졌던 것이다. 그래서 일찍이 여기저기 써냈던 이 방면의 논고와 새로 쓴 졸고를 위와 같은 체계로 정리하여 이 『삼국유사의 문예 현상과 문학의 갈래, 그 연행 양상』으로 엮어 내게 되었다.

제1부 '문학과 연행 갈래 총론'에서는 《삼국유사》의 문예와 문학

의 갈래 양상을 비롯하여, 《삼국유사》의 연행과 그 갈래 양상 등을 거시적으로 검토하고, 제2부 '시가 갈래의 양상'에서는 향가의 불교가요적 실상, 향가와 산문전승의 성격과 유통, 그리고 〈서동요〉의 문학적 실상을 검증하고, '동경흥륜사금당십성'의 문학적 실상을 살폈으며, 제3부 '수필 갈래의 양상'에서는 〈성수사구빙녀〉의 산문적 성격과 〈사불산·굴불산·만불산〉, 〈삼소관음 중생사〉 등의 문학적 성격을 살피면서 그 갈래적 속성을 파악하였다. 제4부 '소설 갈래의 양상'에서는 서동설화의 문학적 실상과 〈남백월이성〉의 문학적 실체, 〈견훤전〉의 형성·전개 등을 고찰하였으며, 제5부 '희곡 갈래의 양상'에서는 〈원효불기〉의 희곡적 성격, 〈월명사 도솔가〉의 연행 양상과 희곡적 실상, 〈영재우적〉의 희곡적 실상과 연행의 실제 등을 논의하였고, 제6부 '평론 갈래의 양상'에서는 《삼국유사》 '서(敍)'의 비평원리적 의미, 향가전설의 시가론적 성격과 기능, 〈김현감호〉와 평의의 비평론적 의미 등을 파악하였다.

이 책은 처음부터 저서로 계획된 것이 아니고, 개별적인 논문을 분야별로 정리한 것이기에, 전체적 통일성이 부족하고 더러는 중복된 부분도 없지 않을 것이다. 그렇지만 대체적인 주제와 방향에는 큰 차질이 없으리라 본다. 그런 대로 그 분야의 개설보다는 작품 중심의 구체적 논증이 집중적으로 연결된 점이 그 신빙성을 더하는 게 아닌가 싶다. 이로써 사계의 질정을 받는 한편 《삼국유사》의 문학·예술세계를 보다 전문적으로 탐구·선양하는 계기가 되기를 바랄 뿐이다.

돌아보건대 사계의 학문정신과 방법론을 일깨워 주신 지헌영·김열규 두 은사님과 사계 석학들의 교시, 지금껏 건강을 주신 부모님의 은혜에 감사하고, 진실행의 내조·격려와 은경이 이하 자식들의 조력, 김진영 교수를 비롯한 제자들의 후원에 고마운 마음을 전하며, 나아가 어려운 가운데도 이런 저서를 선뜻 간행해 준 민속원 홍종화 사장께도 감사의 뜻을 표한다.

19) 『한국문학의 외연과 인문학적 탐구』[26]

천만다행한 일이었다. 구십 평생, 전공 분야의 논저를 다 간행하고 훈민정음의 창제·실용과정을 실증하는 장편소설 《훈민정음》을 출판한 후에 발병하였기 때문이다. 치명적인 뇌신경 질환이 기적적으로 회복되어 독서와 집필에 거의 지장이 없을 때, 이제는 연구와 저술은 정리하는 것이 좋겠다는 생각이 들었다. 그러면서 그동안의 저서들을 되돌아보면서, 이 저서에 들지 못한 논문들과 저서 이후에 쓴 논문들을 떠올리게 되었다. 그 사이 여기저기 발표한 소논문이나 학연에 따라 저서나 학술지·문학지 등에 실린 축간사, 신문사설 등까지 챙겨 보게 되었다. 이런 마당에 학계에 남기고 싶은 과제 몇 가지가 생각나서 소논문 형태로 쓴 것이다.

어찌 되었든 이 글들은 내 자식과 같은 작품이니, 그에 대한 책임을 져야 마땅하다. 이제 평생의 학문 활동을 정리하는 마당에 널리 산재한 이 문장들을 체계적으로 묶어 책으로 내고자 한다. 이것이

---

[26] 보고사, 2025년 9월 26일, ISBN 9791165879181 03910

치열하고 행복했던 내 학문 생활을 정리하는 최선의 길이라 믿었기 때문이다.

이 책의 제1부에서는 우선 학연에 따라 그들의 저서 등에 실은 축간사와 사설 등, 그리고 문제 제기와 방법론을 요약한 소논문을 '한국문학의 인문학적 외연'으로 묶었으며, 제2부에서는 이미 간행한 논저에 실리지 못한 논문을 '한국문학의 인문학적 탐구'의 차원에서 실었으니 참고가 되었으면 좋겠다. 이 책에서는 『한국문학의 외연과 인문학적 탐구』의 이름 아래 나의 마지막 울림과 인문학에 대한 염원을 담고자 했다. 마지막 책이라 부족하지만 내 자신에게는 소중하고 안타깝다.

이제 100세를 바라보며 지난날의 학문 활동을 되돌아보니 감회가 새롭다. 개인적인 우여곡절은 덮어 두고라도, 여러 학자들과 어울려 학회를 조직하여 이 나라의 인문학을 계승·발전시키겠다고 열정을 바치던 시절이 어제 일처럼 떠오른다. 동시에 인문학의 위기에 처하여 우리 전공학자들이 각성하고 인문학의 중흥을 위하여 헌신적으로 앞장서기를 기대하는 마음이 간절하다.

최후로 평생의 은사님들께 보은하고 부모님께 감은하며 함께 정진한 동학·제자들께 감사하고, 내조에 최선을 다한 안해 진실행과 건강을 챙겨 준 자식들에게 고마운 마음을 전한다. 특히 편집을 도와준 김진영 교수에게 감사하고, 아울러 이러한 저서를 발행해준 출판사 사장님께 감사의 말씀을 드린다.

03

전공편저의 서문과 학문 세계

　경산 선생은 개인적인 저술활동을 통하여 문예저서와 전공저서를 수십 권 간행하였다. 이들 저서를 통해 국문학자, 인문학자, 문화학자로서의 위상을 족히 짐작할 수 있었다. 하지만 경산 선생은 개인 차원의 연구를 넘어 학계와 연구자들을 위하여 전공편저를 간행하기도 하였다. 이것은 각 학문 분야의 안정적이면서도 균형적인 발전을 도모한 것이라 하겠다.

　경산 선생의 전공편저는 크게 넷으로 나눌 수 있다. 첫째, 개별 문인의 생애와 작품에 대한 편저이다. 이들 편저에서는 해당 문인의 생애와 작품을 새롭게 인식하도록 했다. 둘째, 문학의 하위 장르에 대한 편저이다. 이는 문학의 갈래에 따라 연구의 심화를 의도한 것이라 하겠다. 셋째, 문학의 장르사에 대한 편저이다. 이들 편저는 개인 연구자가 감당하기 어려운 작업을 공동연구를 통해 수행한 것이라 하겠다. 넷째, 한국문학의 국제성에 대한 편저이다. 한국문학은 우리만의 특수성도 있지만 동아시아적인 보편성도 있음을 확인한 것이다. 이상과 같은 편저는 개인적인 역량에 따른 것이기도 하지만 해당 분야 학문 연구의 진작을 위해 필요한 작업이기도 했다.

전공편저는 연구자 개인보다는 해당 학문 분야의 발전을 위한 선도적인 작업이라 할 수 있다. 연구자들이 편저를 바탕으로 연구의 동향과 방법론을 새롭게 모색할 수 있기 때문이다. 그런 점에서 경산 선생의 학문 발전에 대한 열정을 이 편저를 통해 확인할 수 있다. 앞에서처럼 간행연도에 따라 제시한다.

1) 『한국서사문학사의 연구』 I~V[27]

돌이켜 보면, 60평생 공부한다고 보낸 세월은 참으로 무상(無常)하고 남겨 놓은 것은 너무도 초라하다. 그래도, 한 가닥 놓지 않고 매달려 온 분야는 바로 '韓國敍事文學의 歷史的 展開'로서, 그에 중점을 두어 온 게 사실이다. 그래서 이 방면의 졸고를 책자로 엮어낸 것이 『佛敎系 敍事文學의 硏究』와 『佛敎系 國文小說의 硏究』였다. 이렇게 하면 비록 불교계(佛敎系) 작품(作品)에 한정될망정 한국서사문학(韓國敍事文學)·소설형태(小說形態)의 역사적 맥락이 한 줄기로 파악되리라는 생각에서였다.

그러나 그것은 어림없는 일이었다. 그다지 거창한 한국서사문학사(韓國敍事文學史)의 도도한 흐름을 체계적으로 기술하는 데에는 이 졸저(拙著)가 빙산(氷山)의 일각(一角)을 건드린 것밖에는 아무 것도

---

[27] 중앙문화사, 1995년 9월 27일.

아니었기 때문이다. 그래도 이 서사문학사의 체계적 기술이라는 일생일대의 과제를 포기하지 않고 어떤 방법으로든지 성취하리라는 염원을 지녀왔던 터다. 여기서 터득한 것이 이 방면 전공 학자들의 공동연구에 의하여 이 시대적 과업을 달성해 보자는 계획이었다.

그래서 오랜 세월 교류해 온 사계 전공학자들의 탁월한 업적을 바탕으로 시대별 장르를 기준 삼아 자세하고 거창한 목록을 작성하였다. 그리하여, 서사문학 내지 서사문학사의 연구에 높은 권위를 가진 원로(元老)·석학급(碩學級) 학자들을 총망라하여 각기 주전공에 해당하는 옥고를 청탁하였다. 이 취지에 찬동한 모든 학자들은 거의 2년 만에 참신하고 중요한 논문(論文)을 내주셨고, 이를 계획대로 편집·간행하여 『韓國敍事文學史의 硏究』라 이름하니, 실로 방대하고 획기적인 논저가 이룩되었던 것이다.

제Ⅰ부 '敍事文學史 總論'에는 서사문학사의 제반 문제를 총괄하는 옥고 16편이 실리고, 제Ⅱ부 '古代敍事文學의 展開'에는 상고시대(上古時代)로부터 삼국시대(三國時代)에 걸치는 원형적 서사문학을 재구·논의한 옥고 14편이 들어 있으며, 제Ⅲ부 '中世敍事文學의 展開'에는 통일신라시대(統一新羅時代)부터 고려시대(高麗時代)에 걸치는 성숙(成熟)한 서사문학을 다각도로 분석·고찰한 옥고 14편이 자리하였다. 그리고 제Ⅳ부 '近世敍事文學의 展開'(Ⅰ)에는 조선전기(朝鮮前期)의 원숙한 소설작품을 중심으로 그 문학적 실상과 역사적 맥락을 파악한 옥고 24편이 실리고, 제Ⅴ부 '近世敍事文學의 展開'(Ⅱ)에는 조선후기(朝鮮後期)·개화기(開化期)를 통한 전형적 소설작품을 위주로 그 다양한 유통면모와 역사적 계통을 정리·정립한 옥고 23

편이 수록되었다. 그리하여 90여 편의 권위 있는 옥고(玉稿)가 시대별·장르별·작품별로 다양하고 합리적으로 배열됨으로써, 이 논저는 실로 한국서사문학의 실상과 역사적 전개과정을 다양하고 올바르게 재조명(再照明)·집대성(集大成)한 현대(現代)의 업적(業績)이라 평가될 것이다. 적어도 한국서사문학사에 관한 한 20세기를 마감하는 전무후무한 대저(大著)로서 이 방면 연구사(研究史)에 새로운 장을 펼친 터라 하겠다.

편저(編著)로서 이 논저를 통하여 한국서사문학사의 20세기적 결정을 체계화한 감격을 안으며, 이 영광을 집필하신 학자(學者) 여러분께 모두 돌리고자 한다. 더구나 이 논저가 처음, 이 편자(編者)의 '회갑기념(回甲記念)'으로 간행·발표된 것은 동학(同學)·후배(後輩)들이 베푼 고마운 뜻이거니와, 이는 오래 감당할 도리가 없는 과분한 일이었다. 여기에 동참하신 학자들께 뜨거운 감사를 드리고, 이 편저를 편집·교정한 충남대학교(忠南大學校) 경일남(景一男) 교수와 박광수(朴光洙) 강사를 비롯한 서사문학 전공 소장학자들, 그리고 힘겨운 출판을 무난히 해낸 중앙문화사장(中央文化社長) 사은경에게 두루 고마운 뜻을 표한다.

2) 『한국희곡문학사의 연구』 I~VI[28]

고금동서를 통하여 희곡은 문학의 삼대 장르 중의 하나로 공인되고 있다. 그중에서도 희곡은 그 총합성과 입체성 내지 연행성으로

하여 대표적인 문학장르로서 군림하여 온 것이 사실이다. 그러기에 모든 문화국에서 희곡을 중시하며 많은 창작품을 내고 희곡론을 정립함은 물론, 그 희곡사를 계통적으로 체계화하고 있는 것은 당연한 일이다. 나아가 그 문학계에서는 이 희곡이 실제로 극화·공연되는 것을 공인·중시하면 서도, 학문적으로는 희곡론과 연극론을 구별하고 희곡사와 연극사를 구분·독립시키고 있는 것이 엄연한 현실이다.

한국에서도 현대문학계에서는 이 희곡론을 연극론과 구별하고 희곡사와 연극사를 구분·독립시켜, 근대희곡사 내지 현대희곡사를 저술해 놓고 있는 실정이다. 그런데 고전문학계에서는 이른바 고전희곡의 장르적 실상을 공인하지 않은 채, 연극론의 영역으로 넘겨 버리고, 나아가 유구한 고전희곡사의 계통적 위상을 정립하지 않으면서 연극사의 범위 안에 포함시켜 버린 것이 사실이다. 그러나 지금은 고전문학계에서 고전문학의 각개 장르를 엄연히 규정하고 그 장르사를 제대로 기술하였으며, 연극학계에서도 연극론과 연극사를 전문적으로 서술하여 온 터이므로, 유독 고전희곡과 고전희곡사만이 무관심 속에 방치되어 온 것은 불합리한 일이 아닐 수 없다. 게다가 이 고전희곡이 구비문학이나 민속문학이나 구비민요의 일부로 취급·포괄되어 온 것도 합당한 일이라고 볼 수가 없다. 그러

---

28 중앙인문사, 2000년 3월 23일.
  ISBN 8995062215 94810(1권)/8995062223 94810(2권)/8995062231 94810(3권)/899506224X 94810(4권)/8995062258 94810(5권)/8995062266 94810(6권)/8995062207 94810(전6권)

기에 이 고전희곡과 희곡사도 독립적으로 규정·체계화되어 한국문학과 한국문학사의 일환으로 행세해야 마땅하다.

이에 우리는 고전희곡의 본격적인 연구와 고전희곡사의 전문적인 체계화를 위하여, 그간에 개별적으로 탐색한 이 방면의 역량을 총화함으로써, 본격적이고 획기적인 새 출발을 해야 된다. 말하자면 고전희곡의 개념과 범위를 규정하고, 그 원천을 발굴·정리하여 작품들의 문학적 실상과 가치를 규명하며, 그 하위 장르의 설정과 함께 그 역사적 전개과정을 계통적으로 고구·정립하는 한편, 한국 시가나 설화·소설 등과의 교섭 관계, 한국 연극·예술사 내지 동방 희곡사·연극사 등과의 그 상관성을 비교·고찰하는 데까지 나아가야 된다는 것이다. 여기서 그동안에 쌓아 온 사계의 업적을 회고하고 이를 한국희곡사의 체계로 정리·집성하는 당위성을 발견하게 되는 터다.

그리하여 감히 『韓國戲曲文學史의 硏究』를 표제로 내세워 총괄적인 작업을 시작하였다. 먼저 학계의 통념에 따라 고대·중세·근세로 대분해서, 이를 바탕으로 맨 앞에 『戲曲史 總論』을 붙이고 『古代戲曲의 展開』, 『中世戲曲의 展開』, 『近世戲曲의 展開(Ⅰ·Ⅱ·Ⅲ)』를 설정하였다. 그리고는 이에 적합한 학자들의 옥고·명문을 청탁하기에 이르렀다. 그분들은 넓은 학연으로 새로운 옥고를 써 보내고 발표된 명문을 승낙하여, 이 방대한 계획과 체계를 충족시켜 주었다. 이 감사한 공덕에 호응하여 보잘 것 없는 구고 몇 편과 신변 학자들의 논문을 첨입·보완함으로써 오늘의 이 책자(총 6권)를 편간하게 된 것이다.

『戲曲史 總論』에서는 그대로 총체적 논의나 연구방법론 등을 총괄하여 다. 고전희곡의 개념·범위나 장르·실상에 대한 보편적 논의를 비롯하여, 그 시대 구분의 이론, 희곡·연극 양식의 역사적 전개, 구비문학·서사문학의 연행과 희곡적 전개를 거론한다. 나아가 한국희곡의 동방희곡, 중국·일본 등의 희곡과 교류한 사실을 방법론의 개선·확장이라는 차원에서 비교·고찰한 터다.

『古代 戲曲의 展開』에서는 고조선으로부터 삼국통일 이전까지에 해당·관련되는 전형적 작품들을 선정하여 희곡론·사론에 의하여 분석·고증하였다. 여기에는《당시(唐詩)》를 통해 본 삼국시대의 가무극 같은 장르적 사론도 있지만, 대체로 저명한 〈공무도하〉, 〈가락국기〉, 〈황창무〉, 〈처용무〉, 〈도미전〉, 〈서동전〉, 〈이차돈전〉, 〈원효전〉 등을 분석·고증함으로써, 이 시대에 희곡문학이 발생·형성되어 왔음을 증거하고 있다. 물론 이 작품들은 신라 통일기를 거쳐 고려대에 이르러 현전의 모습으로 정립·정착되었으리라 본다. 그렇지만 그 작품들의 역사적 근거와 소재적 원형은 그 시대에 존재한 터이므로, 그 시대 배경 아래서 소박하나마 연행을 거듭하며 형성된 극본·희곡이었음을 부인할 수가 없다.

『中世 戲曲의 展開』에서는 주로 고려시대의 희곡작품을 주제·유형별로 고구하였다. 그러기에 대강 고려시대 희곡을 비롯하여, 고려시대 정재, 고려가요, 불교희곡, 불교계 강창문학 등을 통한 희곡적 실상과 그 역사적 전개 양상이 거론된다. 그리고 고승별전(삼국유사)이나 《석가여래십지수행기》 같은 저술의 희곡적 고찰이 전개되고, 한·중 불교고사와 같은 것이 비교·검토되는가 하면, 선우태자전승이나 〈왕랑반혼전〉 같은 작품이 개별적으로 분석·고증됨으로써, 이 시대의 희곡이 발전·난숙되어 왔음을 실증하고 있다. 실로 이 중세 고려시대는 연극·희곡 자체의 자연스럽고 필연적인 전개 과정이나 중국 송·원 희곡파의 관계를 미루어 한국희곡사의 전성기를 이루는 게 사실이기 때문이다.

『近世 戲曲의 展開(Ⅰ)』에서는 대강 조선 전기 희곡의 유형과 개별 작품의 문학적 실상, 역사적 전개양상을 파악·고증하였다. 〈학연화대처용무합설〉을 비롯하여 나례·소학지희·선유락·산대극 등의 연극·희곡적 실상을 밝힘은 물론, 서사문학·고전소설의 연행을 통하여 그 희곡적 전개양상을 논증하였다. 그리고 불교계 재의의 희곡적 전개와 아울러 불교계 서사문학 내지 강창을 통한 극본적 성격을 구명하고, 중국희곡의 한국적 수용현상 등을 고찰함으로써, 이 시기의 희곡이 계통적으로 전승되었음을 실증하고 있다. 물론 여기 논의된 희곡유형이나 작품들이 반드시 조선 전기에 해당되겠는가의 문제는 제론의 여지가 있다. 그렇지만 이것들이 대체로 고려시대를 이어 조선 후기로 연결되었다는 점에서 희곡사적 위상을 차지하고 있는 것만은 사실이다.

『近世 戲曲의 展開(Ⅱ)』에서는 대강 조선 후기로부터 근대에 이르는 희곡작품이나 그 유형들을 문학적으로 검토하고 역사적으로 정립한 것이다. 여기에서는 조선 후기 재담공연이나 판소리 연창 등에 관련되어 〈동상기〉나 〈만강홍〉, 〈심청잡극〉, 〈광한루기〉 같은 한문희곡이 대두·행세하고, 희곡적 한문소설이 읽는 희곡의 형태로 유통되었던 사실을 증언한다. 게다가 판소리가 발전·성행하여 강창극으로 연행됨으로써, 그 창본은 희곡으로 규정되는가 하면, 그것이 다시 입체화되어 창극으로 공연되면서 그 극본이 희곡으로 전개되었음을 논증하고 있다. 이런 분위기 속에서 심청전승과 같은 저명한 서사형태가 희곡적으로 변용·전개된 실상을 밝힘은 물론, 춘향전승이나 배비장전승 등이 현대적으로 변용·개작되기도 했음을 여실히 부각시키고 있다. 이로써 조선 후기의 연극·희곡이 그 전통을 계승·발전시킴으로써, 고전희곡사의 맥을 이어 내리고 있는 실정이다.

『近世 戲曲의 展開(Ⅲ)』에서는 이른바 전통극, 민속극으로 전래되어 온 무극·가면극·인형극 등의 극본을 희곡으로 간주·논의하였다. 이러한 연행형태의 연극적 요소·수준을 논증하고, 그 극본의 희곡적 성격을 고구하였다. 이러한 작품들의 희곡적 실상과 역사적 위상은 실로 한국 희곡사의 중심에 자리하여 맥락을 이어 오고 있는 게 사실이다. 여기서 이런 유형의 전형적 연극·희곡 형태가 이른바 대화극의 차원으로 정리·승화되어 있을 뿐만 아니라, 그 형성 연원이 장원하고 현재와 미래로 영원히 전승되리라는 점에서 특성을 지닌다. 그래서 이런 유형의 연극·희곡은 그 자체로서 한국희곡사상에 유구하고도 독자적인 흐름을 유지해 오고 있는 터라 하겠다. 따라서 이를 총론이나 어느 시대의 특수 분야로 소속시키지 않고 독립·편찬한 것이다.

이로써 이번 편저가 총론·방법론을 전체하고 고대 희곡으로부터 중세 희곡을 거쳐 근세 희곡에 이르기까지 한국희곡문학사를 통관·조감할 수 있는 체재와 내용을 갖춘 장편 저작임을 확인할 수가 있었다. 필자로서야 졸고 몇 편을 내놓고 다만 편집만을 해낸 것이지만, 여기에 실린 옥고·명문들이 그만큼 새롭고 값지기에, 이 편저 자체는 지난 세기를 총정리하고 새로운 세기를 내다보는 기념비적인 의의를 지니는 것이라 하겠다. 이것이 비록 그간의 이 방면 성과를 평가·비판하는 연구사적 관점을 벗어나 있지만, 이만하면 한국고전희곡의 실상과 문학사·예술사상의 위상을 윤곽이나마 족히 파악함으로써, 앞날의 연구에 믿음직한 기반과 저력이 되겠기 때문이다.

이런 점에서 여기에 옥고·명문을 내 주신 여러 전공학자분들께 다시금 감사하고, 이런 편저를 내도록 직접 편집·교정에 노고를 아끼지 않은 편집위원 여러 박사들과 출판을 맡은 중앙인문사 김제인 사장에게도 고마운 뜻을 표한다.

3) 『우란분재와 목련전승의 문화사』[29]

새로운 세기를 맞이하여 불교중흥의 기운을 타고, 불교에 대한 올바른 인식과 불교문화에 관한 획기적인 발굴·연구에 박차를 가하고 있는 것이 동양권 내지 세계적 추세다. 이에 중앙인문연구원 불교문화연구소에서는 한·중의 불교문화에 대한 연구를 거듭하는 가운데, 특히 오랜 전통으로서 저명한 '우란분재와 목련전승'에 대

---

[29] 중앙인문사, 2000년 8월 우란분재일, ISBN 8995062274

하여 그 실상과 문화사적 위상을 집중적으로 조명하고 이를 논저로 편찬하게 되었다. 마침 2000년도 우란분재가 다가오고, 이를 기념하는 학술회의 '우란분재와 목련전승의 문화사적 조명'이 진행되는 것을 계기로, 이 논저가 간행되어 더욱 뜻이 깊다.

원래 이 우란분재는 이 땅에 불교가 전래된 이래, 신라시대부터 고려를 거치면서 가장 값지고 소중한 명절의 하나로 정립되어 목련전승과 함께 크고 두터운 발자취를 오늘에 남기고 있다. 이 명절은 인도에서 연원하여 중국·한국·일본·월남 등 동방권 불교국에 성행하여 불교신앙의 중심을 이루어 왔을 뿐만 아니라, 각국의 불교문학·불교예술·불교문화를 형성·발전시키는 원동력이 되어 왔다.

이에 중국이나 일본에서는 불교계와 학계가 협력하여 이 우란분재와 목련전승에 대한 연구와 학술적 조명이 다양하게 이루어지는 가운데 몇 차례의 국제학술회의까지 개최되었고, 그에 상응하는 개인저서와 학술논문집이 편찬되고 있는 실정이다. 기실 우리 불교계나 학계는 이에 대한 관심이 부족한 데다, 국내외 학술회의가 개최된 바도 없고, 그 전문적인 논저가 출간되지 않은 것도 사실이다. 그래서 뒤늦게나마 이에 관한 국내의 학술회의가 열리고, 동시에 이와 같은 전문논저 『盂蘭盆齋와 目連傳承의 文化史』가 간행되는 것은 더욱 큰 의의를 가지게 되었다.

이 논저의 내용은 크게 2부로 나누어지는데, 전반부 한국학자들의 논문과 후반부 중국학자들의 논문이 바로 그것이다. 한국의 논문은 원로학자의 초창기 논문과 신진 학자들이 참신한 논문을 망라한 것이고, 중국의 논문은 중국 전공자들의 많은 논문들 중에서 대표적인 것을 가려 뽑은 것이다. 어쨌든 이 한·중 학자들의 30여 편 논문을 통하여 우란분재와 목련전승의 종합적 실상과 문화사적 위상이 입체적으로 조명·부각된 것만은 분명하다. 이로써 한·중 불교문화의 핵심 부분이 올바로 밝혀지고, 그 계승·복원을 통한 발전 지향이 제대로 잡혀가게 되었다.

이런 점에서 이 논저가 한·중 불교신앙과 제의를 중심으로 전개된 불교문화·불교예술·불교문학을 실천하거나 연구하는 데에 적잖이 기여하리라고 믿는다. 이런 점에서 우란분재일을 맞아 목련존자의 정성으로 이 편저를 부모님과 스승님의 영가 앞에 정중히 바친다.

그래서 여기에 옥고·명문을 내 주신 여러 전공 학자분들께 다시금 감사하고, 이런 편저를 내도록 직접 편집·교정에 노고를 아끼지 않은 편집위원 노태조·박종익·박광수·박병동·김진영 등 여러 박사들과 출판을 책임진 사은경 부장, 이런 학술서적을 간행해 준 중앙인문사 김제인 사장에게도 고마운 뜻을 표한다.

4) 『실크로드와 한국문화의 탐구』[30]

오늘날 인문학의 국제화, 문화학의 세계화는 새로운 세기를 향한 당연한 추세다. 이러한 시점에서 한국문화의 영역을 확장하고 그 시야를 개방하는 것은 필연적인 현상이다. 이것은 인문학·문화

---

[30] 중앙인문사, 2001년 10월, ISBN 8989442001

학의 국수주의나 사대주의를 족히 탈피하여 한국문화의 장르적 실상을 올바로 파악하고 그 역사적 위상을 제대로 정립하는 첩경이기 때문이다. 이런 점에서 한국의 고대 및 중세문화와 관련된 중국문화 내지 실크로드문화에 관심을 두는 것은 중대한 의미를 갖는다.

일찍부터 서구나 동양 학자들이 실크로드문화를 발굴·조사하고 연구·정립하는 문화사업·학술활동을 전개하여 커다란 성과를 올린 것은 잘 알려진 사실이다. 이러한 바탕 위에서 실크로드학 내지 돈황학이 정립되고, 그 학술연구단체가 각국에 설립되어 그것들이 국제적 연합조직을 형성함으로써, 거대한 연구 활동을 주도하고 있는 점은 실로 인문학의 장래를 위하여 고무적인 현상이다. 이러한 추세에 힘입어 한국학계에서도 중국학과 연계하여 실크로드학 내지 실크로드문화학에 동참하고 중앙아시아학회나 돈황학회, 국제한국학회 등을 조직하여 그 방면의 현장조사·문헌수집 내지 분석·고찰 등 갖가지 연구활동을 벌리고 있는 실정이다. 이것은 한국인문학의 국제화나 한국문화학의 세계화를 위한 역사적 전환점을 보여 준 쾌거라 하여 마땅할 것이다.

일찍이 충남대학교 인문과학연구소에서는 실크로드문화에 착안하되, 이 방면 전공학자 및 관련학자들을 망라하여 '실크로드학술조사단'(1995)을 조직하고 현지조사를 감행하여 그 성과를 보고한 바가 있다. 그 현지 학술조사는 종합적 관찰방식을 지양하고 언어·문서, 고고·미술, 종교·민속, 연예·문학 등 4개 분야로 나누어 전문적이고 학술적으로 수행되었다. 그 학술조사의 성과는 정리·연구의 과정을 거쳐 『실크로드문화와 한국문화』(1996)라는 대규모 국제학술회의를 통하여 국내외 학계에 소개되었다. 여기서는 그 학술조사에 동참하였던 전문 학자가 주축을 이루되, 사계의 국내외 저명한 학자들이 초빙되어 그 학문적 권위를 과시하였다. 이어 그 학술적 업적을 재정리하고 이 방면의 세계적 논문을 보충하여 『실크로드文化와 韓國文化』(2책 1996)를 편간하여 그 전공학자나 유관학자들에게 배포하였다.

이제 중앙인문연구원에서는 한국문화 연구의 당면과제로서, 그 영역과 장르적 실상, 그리고 역사적 위상을 거시적이고 입체적으로 구명하는 작업을 계속하게 되었다. 그래서 이 실크로드문화에 대하여 보다 적극적인 연구작업을 벌이는 가운데, 우선 『실크로드文化와 韓國文化』의 개신판 형태로 『실크로드와 韓國文化의 探究』를 편간하기에 이르렀다. 이 책은 먼저 책의 전체적 윤곽을 유지하되, 중국학자들의 난해한 전문논고를 유보하고 한국학자들의 재미있는 옥고들을 재조정·교정하여 새로운 면모를 갖추게 되었다. 이 책의 내용은 그대로 '연구사·총론편', '고고·미술편', '종교·민속편', '연예·문학편'으로 조직되어, 실크로드문화의 본령·핵심을 망라하고 있다. 따라서 이 방면 전문학자나 유관학문의 전공자 그리고 이 방면에 관심 있는 지식인들 내지 일반 교양인들에 참고와 안내를 족히 겸할 수 있으리라 믿는다.

최근에 국제한국학회의 『실크로드와 한국문화』(2000)가 간행되어 사계에 크게 기여하고 있다. 이 저서는 이 방면의 전공자들이 광대한 실크로드학·중앙아시아학을 개척하는 정신으로 '실크로드와 한국문화'를 거시적으로 연구·논의한 값진 업적이라 평가된다.

이 방면의 초창기를 장식하는 이 업적은 실크로드학·중앙아시아학의 본격화·전문화를 선언하고 나아가 한국문화의 국제적 영역과 실체를 조망한 기념비적 성과하고 하겠다.

이에 우리의 『실크로드와 韓國文化의 探究』는 위 책의 거대한 윤곽, 그 문화의 웅장한 밑그림 안에 자리 잡은 본령·핵심적 문화현상을 본격적이고 전문적으로 고찰·논의한 알찬 업적이라고 보아진다. 따라서 이 두 업적은 결코 중복됨이 없는, 상보적 관계의 자매편이라 보아 마땅할 것이다. 그러기에 현 단계의 실크로드학·중앙아시아학이 문화중심으로 연구되고 그 한국문화와의 관계가 보다 효율적으로 논구되기 위해서는 위 두 책이 동시에 활용되는 게 필수적이고 하겠다.

이제 이 책을 간행함에 있어, 그 옥고를 주신 사계 권위 학자들에게 거듭 감사하고, 이 책을 전체적으로 매만지고 교정하여 준 노태조 교수와 김진영 박사, 그 편집·제책을 책임져 준 사은경 부장, 그리고 어려운 여건 속에 이 책을 간행해 준 중앙인문사 김제인 사장에게 고마운 뜻을 표하고 싶다.

5) 『고전희곡의 새로운 탐구』[31]

흔히들 새천년은 문화의 시대요, 문화산업의 시대라고 한다. 그

---

[31] 중앙인문사, 2000년 10월 15일, ISBN 8995062282 94810

것은 새로운 문화를 선도·개척해 나갈 공연문화 드라마의 시대가 도래하였음을 공언하는 바라 하겠다. 이제 밀물처럼 몰려들고 홍수처럼 쏟아지는 연행예술의 전통을 밝히고, 그 전형을 잡아 주며, 그 방향을 제시하는 연극과 희곡이 그 중심에 자리하고 있음을 확인할 수 있다. 여기에 바탕을 두어 연극론과 희곡론이 정립되고 각 대학 전공학과의 설립과 함께 전문적 학회가 결성되어 광범위한 학문 활동과 체계적인 업적을 내고 있는 것은 필연적이고 고무적인 일이다.

이런 환위 속에서 한국 희곡의 실상을 올바로 밝히고 그 역사적 위상을 제대로 정립하기 위하여, 그간에 개별적으로 온축한 이 방면의 역량을 총화함으로써, "한국고전희곡학회"가 발족되어 본격적인 연구 활동을 벌이고 있는 것은 참으로 뜻 깊은 일이라 하겠다. 이 학회에서는 고전 희곡의 개념과 범위를 올바로 규정하고, 그 원전을 발굴·검토하여 작품들의 문학적 실상과 가치를 규명하는 작업을 우선하고 있다. 기실 이 고전희곡은 그 개념과 범위가 아직 제대로 설정되지 못하고, 따라서 그 원전의 발굴·검토나 개별적 작품론이 본격적으로 이루어지지 않은 실정이다. 그러기에 그 실제적인 하위 장르가 규정되어야 함에도 불구하고 지금까지 전문적인 성과가 나타나지 않은 형편이다. 나아가 이 고전희곡의 형성·전개과정이나 그 하위 장르의 역사적 위상을 계통적으로 체계화하는 것이 중대한 과업임을 절감하면서도, 그 작업을 전문적으로 추진하지 못하고 있는 게 사실이다. 이제 이러한 모든 과업을 종합적으로 추진하면서, 우리 희곡과 시가·설화·소설 등 다른 장르와의 교섭관계나 상보관계를 적극 고찰해야 된다. 이 희곡은 원래 종합적 융통성을 갖추어 그것이 유통·연행되는 가운데 다른 장르와의 관계가 필연적이고도 심각하였기 때문이다.

적어도 이 희곡은 한국예술·문화와의 상관성을 중시해야 된다. 이 희곡이 그 장르적 전개·유통과정에서, 숙명적으로 그 예술 내지 문화와의 관계망을 이룩하고 그 기능과 역할을 다하여 왔던 것이다. 그래서 이른바 희곡예술론이나 희곡문화학이 필수되는 것이니, 이러한 관점과 방법론은 한·중·일 등과의 관계를 거쳐서 동방권 내지 세계권으로까지 확대되어야 한다. 이 희곡은 이와 같은 국내적 독자성과 국제적 공질성이 변증법적 관계를 부단히 유지하면서, 그 문학적·예술적·문화적 실상을 확보하고 형성·전개되어 왔기 때문이다. 여기서 우리 희곡의 비교문예학·비교예술학·비교문화학이 성립될 수가 있는 것이다. 이것은 거창하고 공허한 이론이 아니라, 우리 고전희곡이 지향할 바 구심적 탐구와 원심적 탐색을 조화시키는 종합화학적 방법론의 방향이라 하겠다.

이러한 관점에서 한국고전희곡학회 창립기념 국제학술회의에서 『韓國戲曲 硏究의 새로운 方向』을 주제로 그 성과를 올린 것은 그 의의가 크다고 하겠다. 이어 그런 학문적 성과를 수정 보완하여 전문학회지 『고전희곡연구』 제1집을 창간하게 되었으니, 이는 실로 사계의 기념비적 업적이라고 보아진다. 여기에 실린 10편의 논문은 다방면 전공학자의 참신한 옥고로서 학계에 기여하는 바가 지대하리라 생각된다. 더구나 이 논문들은 위에서 천명한 학회의 목표·취지와 방법론적 지향점을 거의 수용하였다는 점에서 실로 놀라운 바가 있다. 이 고전희곡의 개념과 범위, 그 문학적 실상과 하위 장르의 규정, 그 작품의 연행양식, 그 희곡사의 시대구분과 각개 장르사적 전개, 그리고 우리 연극·희곡과 중국·일본의 상관성 등을 두루 고찰하였기 때문이다. 이것은 결코 우연한 일이 아니라, 성실하고 창의적인 연구의 필연적인 성과이기에 더욱 값지고 보람차다.

지금은 이러한 학문의 대중화시대라 하겠다. 그러기에 이런 학문이 학문으로만 끝나고 전공학자들의 전유물이 되어서는 안 되겠다. 그래서 이러한 학술지가 우리 학회 회원들에게만 배포·활용되는 것은 너무도 아까운 일이 아닐 수 없다. 그리하여 이 학술지의 내용을 조정하여 일반 문화대중에게 근접·수용될 만한 책자로 엮어 내게 되었다. 실로 이 책은 전공학자·인문학자나 문화대중이 연행예술·공연문화를 이해하고 창달하는 데에 적지 않은 도움을 주리라 믿는다.

이에 여기 옥고를 내어 주시고 격려를 아끼지 않으신 학회와 학회 임원들 특히 이 책을 전적으로 편집·교정한 김진영 박사에게 감사를 드리며, 여러 가지 어려운 여건 속에서도 이런 학술서적을 출판해 주신 중앙문화사 김제인 사장에게도 고마운 뜻을 표하고 싶다.

6) 『불교문화연구』[32]

우리 한국불교문화학회가 뜻깊게 발족한 지 1년이 되어, 그 1주년을 기념하는 전국학술회의를 열고, 그동안 회원들의 연구 성과를 옥고로 집성하여 『불교문화연구』 제1집을 간행하니 참으로 감개가 무량하다. 그간에 각계 분야별로 불교문화를 성실히 연구하여 상당한 업적을 낸 것은 사실이지만, 이른바 불교문화의 장르적 장벽을 허물고 학제 간 내지 입체적 연구의 방향과 방법론을 모색·제시한 '불교문화학'의 개척이야말로 학계에 신선한 바람을 일으켰으리라 믿기 때문이다.

기실 하나의 장르, 하나의 작품·원전을 놓고 볼 때, 그 하나에 집착·한정하여 검토할 경우와 다른 장르 내지 다른 작품·원전과의 간격을 없애고 유기적 관계망 속에서 상호 고찰하는 경우는 판이한 결과를 낳을 수밖에 없다. 그렇다고 종래의 연구가 잘못되었다거나 불합리하다는 것은 결코 아니다. 그 관점과 방법론에 의하여 얼마든지 보완하고 바로 잡으며, 긴밀한 관계를 재구·복원할 수 있다는 말이다.

우리 학회는 우선 불교문화학의 개념과 범위를 전제하고, 그 연구의 방향과 방법론을 강구하며, 열린 안목과 효율적 방법을 귀납적으로 정립하였다. 이러한 바탕 위에서, 각계 분야별로 지난날의 연구 성과를 회고·반성하면서, 불교문화학의 앞날을 전망하게도 되었다. 다음에는 전국의 명산 고찰이 불교문화학의 입체적 원형이요 그 생동하는 현장임을 확인하고, 사찰문물을 불교문화학적 방법론에 의하여 분석·종합하였다. 그 첫 번째의 대상이 바로 불국사의 그것이었다. 그 성과는 대단하지 않았다 치더라도, 처음 시작하여

---

32 중앙인문사, 2003년 5월 15일.

많은 경험을 얻었다는 점에서 특히 주목하고 높이 평가하지 않을 수 없다. 이런 시도를 통하여 사찰문물의 불교문화학적 연구가 그 방향과 방도를 제대로 잡았기 때문이다.

이와 같은 연구 성과가 세련·정리되어 이번 학회지에 자리하니, 참신하고 합리적인 엄적으로 행세하게 되었다. 각계 분야의 옥고들이 상호 고려되지 않고 하나의 화원처럼 풍성하게 유기적으로 조화되니, 불교문화학의 실체와 진면목을 흡족히 맛볼 수 있다. 안목과 관점이 바뀌면 그 결과가 그다지 참신하고 값지기 때문이다.

이번의 창간호는 비록 풍성하지는 않지만, 불교문화학을 창도·견인한다는 점에서, 일단 자축해야만 되겠다. 이것은 다음 호의 획기적 발전을 위한 기반이요 자극제가 되겠기 때문이다. 물론 욕심은 훌륭하지만, 그 편집·인쇄 등에서 시간에 쫓기는 바람에 미숙·소홀한 점이 있을지도 모른다. 그래도 이번 창간호가 옥동자처럼 소중하고 대견하기만 하다. 점차 더 좋은 학술지를 기약하면서, 이 학회지를 위하여 애써 주신 관계 임원들의 노고를 위로하고, 그 간행비와 이번 학술회의를 전적으로 도와주신 상임고문·백제불교회관관장 장곡 주지스님께 감사드리며, 이를 어렵게 출판해 주신 중앙인문사 김제인 사장에게 사의를 표한다.

7) 『서포 김만중의 문학과 사상 그 문화사적 위상』[33]

서포 김만중의 행적과 문학적 업적은 찬연한 것이었다. 그의 50여 년 행적이 왕조실록을 중심으로 그 학자·문신·효자 등의 면모를 드러내고 있고, 그의 문집·만필을 전거로 그 문인·작가·사상가 등의 진상을 보여 주고 있기 때문이다. 기실 서포의 위대한 공업은 위 기록 이상일 것이니, 그 세계의 실상을 파고들수록 그 깊이와 높이 그리고 넓이를 헤아리기 어려운 지경이다. 그러기에 학계의 일각에서 학회 차원이나 개인의 입장에서 서포의 행적과 문학적 업적을 검토·고찰하여 그 성과가 산적하여 있지만, 이에 대한 비판적 조명과 창의적 개발의 여지가 얼마든지 있는 실정이다.

이에 중앙인문연구원에서는 사계의 전문 학자들을 통하여 서포의 문학 세계를 입체적이고 종합적으로 연구·검토하고, 그 성과를 『서포문학의 새로운 탐구』로 편간하였던 것이다. 이어 그 연장선상에서 사계의 권위 학자들을 초빙하여 서포의 문학과 사상세계를 좀 더 새롭게 평가하는 전국학술회의를 개최하게 되었다. 실제로 쟁쟁한 학자들의 참신한 논문이 발표되고, 이에 대한 날카롭고 진지한 토론이 진행되어, '서포의 학술제전'을 성공리에 마쳤던 것이다. 여기서 발표된 그 논문들을 다시 모아 『西浦 金萬重의 文學과 思想, 그 文化史的 位相』으로 간행하게 되니, 감회가 새롭고 감개가 무량하다. 이 저술은 제목이사 평범하지만, 실제 내용과 각개 논문들이

---

[33] 중앙인문사, 2005년 6월 5일.

진가를 발휘함으로써, 서포 연구사에서 새로운 지평을 열고 그 심화연구의 획기적인 계기를 마련하는 데에 조금도 손색이 없다고 하겠다.

이제 그 내용을 보면 대강 새로운 경향과 각개 논문의 진가를 파악할 수 있다. 첫째, 서포의 문학체계를 그 사상과 결부시켜 총체적으로 고찰하였다. 먼저 서포의 문학적 생애와 그 사상을 개관하고 그 문학작품을 장르론에 입각하여 검토하고, 나아가 그의 사상적 내면을 제시하여 그 문학의 심층적 성격을 소설 중심으로 고찰하였다. 한편 서포가 중국문학에 대하여 가졌던 자주적 감식안을 파악함으로써, 그 문학적 배경과 비평적 가치를 짐작하게 되었다.

둘째, 서포의 비평론에 대하여 거론하였다. 먼저 17세기 비평사의 시각에서 서포의 복고주의 문학론을 고구하고, 《서포만필》을 통하여 그의 비평 관점을 탐구하였다. 나아가 서포소설에 대한 논의의 쟁점을 《서포만필》에 근거하여 합리적으로 해결함으로써, 그의 비평 정신 내지 평론 사상을 부각시키고 있다.

셋째, 서포의 문학작품을 한시와 산문으로 나누어 그 문학성과 사상적 경향을 논의하였다. 먼저 서포의 한시를 분석하여 여성 의식을 추출해 냄으로써, 그의 문학에 내장된 여성 존중 사상을 천명하였다. 나아가 그의 산문을 만필과 서문·잡문·전·찬·서·비·행장·몽한록 등으로 나누어, 그 문학성과 사상적 경향을 구체적으로 논증하였다.

넷째, 그의 〈구운몽〉과 〈사씨남정기〉의 문학성과 그에 내장된 사상성에 대하여 고구하였다. 먼저 〈구운몽〉에 나타난 삼교 융합과 그 이면적 의미를 탐색하고, 또한 이 작품에 내함된 역학 사상을 검증하였다. 나아가 이러한 사상을 소설로 표출한 문체의 특성에 대하여 거론하였다. 이어 〈사씨남정기〉에 반영된 고유사상을 검증하고, 이 작품에 나타난 작가의식을 고찰한 다음, 이 작품의 주제와 사상을 파악하였다. 나아가 서포의 행적과 공업을 통하여 그 문학적 실상을 입체적으로 고찰하고, 그 문학사적 위상을 계통적으로 정립하게 되었다.

이로써 이 저술은 서포의 문학과 사상을 입체적으로 접근·조명하고 그 문학사적 위상을 부각시킨 업적으로 평가되어야 마땅할 터다. 그것은 논문집의 형태이지만, 각개 논문이 주옥같은 가치를 확보함으로써, 서포문학 내지 문화의 연구사에 한 획을 긋는 역량을 보이기 때문이다. 이에 이를 편간하는 사람으로서 내심 감명을 받으며 옥고를 흔쾌히 허락하신 권위 학자들에게 고마운 마음을 금할 길이 없다. 그리고 그 학술제전을 개최하는 데에 적극 후원해 주신 대전광역시와 서포종친회, 또한 이 책을 전적으로 편집·교정해 준 김진영 교수와 사은경 부장에게 감사의 뜻을 표하고, 이런 책을 선뜻 간행해 준 중앙인문사 김제인 사장에게도 고마움을 전하지 않을 수 없다.

8) 『충암 김정의 사상과 문학세계』[34]

충암 김정의 행적과 문화적 업적은 참으로 찬연한 것이었다. 그 40세 미만의 생애 행적이 조선왕조실록을 중심으로 후대 학자들의 저술 등에서 그 학자·사상가·문인, 효자·충신의 면모를 드러냈고, 그의 문집과 연보 등을 통하여 이를 실증하고 있기 때문이다. 기실 충암의 그만한 업적은 그 시대 문화사상에서 뚜렷이 빛나는 것이어서, 크게 주목하고 그 실상에 근접할수록 실로 높이 평가하지 않을 수가 없다. 그러기에 학계 일우에서는 그의 생애를 개관하면서 그 유가 도학사상과 정치적 이념을 들추고, 그 시문학을 거론하기 시작하였다. 이러한 계기를 통하여, 그 업적의 실상과 문화사적 위상을 통관할 때, 그 발굴·평가·선양할 분야가 너무도 크고 값진 점이 분명해지는 터다.

이에 충암기념사업회에서는 그의 업적을 문화학적으로 탐토하고 그 문화사적 위상을 파악·선양하기 위하여, 본격적인 작업에 착수하였다. 사계의 전문 학자·교수들에게 위촉하여, 그 분야별로 연구·고찰하고, 그 성과를 전국적 학술회의에서 공개 발표하며, 토론으로 공인받게 하였다. 이러한 학술회의가 네 차례나 거듭되어, 그 새롭고 값진 논문이 여러 편 쌓이게 되었다. 그리하여 그동안의 성과를 재점검하고 체계적으로 정리하여, 마침내 『충암 김정의 사상과 문학세계』로 출간하기에 이르렀다. 이 저술은 제목이사 평범하

---

[34] 한울출판사, 2020년 4월.

거니와, 실제 내용에서는 각개 논문들이 참신한 가치를 발휘함으로써, 충암 연구사에서 새로운 지평을 열고, 그 심화 연구의 계기를 마련하는 데에 손색이 없을 것이다.

이제 그 내용을 보면, 그 연구의 새로운 경향과 각개 논고의 진가를 확인할 수가 있다. 제1부, '충암의 생애와 정신'에서는 그의 선비적 삶과 정신, 그 정치적 개혁운동과 후대인의 평가를 검토하고, 그의 출사시에 벌린 가자반대론과 여악폐지론의 내용과 성격을 거론하였다.

제2부, '충암의 사상과 윤리'에서는 그 학문의 연원을 살피고, 그의 도학사상과 그 실천을 논의하며, 나아가 그 사상의 유·불·도 삼교회통적 특성을 조명한 데다, 그가 주장·실천한 '의리'의 현대적 의미, 그의 윤리사상과 그 현대적 의의를 검증하였다.

제3부, '충암의 문학세계'에서는 그 시세계를 통하여 그 영물시와 교유시를 고찰하고, 그의 불교인식과 시문학적 형상을 검토하며, 나아가 타인의 시문을 통해 본 그의 문학세계를 검증하였다. 그리고 그의 산문세계를 새롭게 파악하면서, 그 〈제주풍토록〉을 문학적으로 논의하고, 그의 생애를 적은 전기를 문학적으로 검증하며, 그의 불교생활과 문학세계를 파악하는 한편, 그가 등장하는 소설《금강》에 반영된 그의 존재 의식과 민중의 페르소나까지 탐색하였다.

제4부, '충암의 가계와 현창'에서는 그의 종가에 전하는 유물에 대하여 검토하고, 그 부인 송 씨의 전기를 통하여 조선전기 여계문학과 그 절행을 고구하였으며, 그를 배향한 서원을 검토하고, 나아

가 그를 빛내기 위한 기념사업을 개관하였다.

　이로써 이 저술은 충암의 사상과 문학세계를 입체적으로 접근·조명하고, 그 문화사적 위상을 부각·선양한 업적으로 높이 평가되어야 마땅할 것이다. 이 저술은 논문집의 형태이거니와, 각개 논문이 주옥같은 가치를 확보함으로써, 충암의 높은 학문과 사상, 그 문학·문화의 연구사에서 한 획을 긋는 역할을 족히 해낼 것이기 때문이다.

　따라서 여기에 그 소중한 연구·발표와 함께 그 옥고를 허락하신 학자·교수들에게 깊이 감사하고, 그 학술대회를 주관해 주신 충남대 충청문화연구소, 그 처음을 열어주신 김정태 교수, 그리고 이를 계승하여 이 논저의 편집까지 맡아 주신 김방룡 교수에게 고마운 마음을 전한다. 나아가 이 학술대회의 개최와 논저 간행에 적극적으로 후원하신 경주김씨충암공파 대종회 김응일 회장과 어려운 가운데도 이 논저를 선뜻 출판해 주신 한올출판사 임순재 사장께도 감사의 뜻을 표한다.

발문

경산 사재동 선생은 나의 아버지이시다.

아버지는 나에게 단순한 혈육의 울타리를 넘는 존재였다. 나에게 아버지는 곧 스승이었고, 삶의 길잡이였으며, 침묵 속에서도 큰 울림을 전하는 등불이었다. 내 아버지의 생애와 학문이 정리되어 한 권의 책으로 묶이게 된 지금, 나는 깊은 감회와 벅찬 마음으로 이 발문을 쓴다.

아버지는 오로지 학문을 위해 태어나신 분이다. 학문을 온몸으로 사랑하고, 어둠 속에서도 무한한 진리를 좇으며, 그 학문을 제자들에게 가르치는 기쁨을 최고 최선의 복락으로 여기신 분이다. 삶의 한 걸음 한 걸음이 학문의 여정이었고, 어쩌면 숨 쉬는 것조차 학문의 들숨이며 날숨이었다.

그렇게 한 우물만 파 온 분이라 세상살이 괴팍하고 거만할 만도 한데, 아버지는 오히려 매사에 겸손하고 단정하며 따뜻하셨다. 거창한 말보다는 진실한 행동으로, 화려한 수사보다는 깊은 사유로 사람을 대하셨다. 자식들과 제자들에 대한 가르침도 그래서 때로는 아버지의 침묵이 깊은 가르침이 되기도 했다.

나는 그런 아버지 밑에서 성장할 수 있었던 것을 크나큰 축복이라 생각한다. 어린 시절, 아버지의 서재는 나에게 하나의 성소(聖所)였다. 문틈 사이로 새어 나오는 만년필 잉크 냄새, 수많은 이야기를 담은 고서(古書)들의 먼지, 조용히 넘겨지는 책장 소리, 졸린 잠을 떨쳐내기 위해 때때로 들리던 기지개 켜는 소리, 세상 모든 이들의 안녕을 기원하는 아버지의 새벽기도는 나의 감수성과 사유의 기초를 만들어 주었다.

학문은 사람을 위한 것이며, 사람 사이에 살아야 한다는 것을 아버지께서는 몸소 보여주셨다. 아버지에게 학문이란 세상을 바로 보는 눈이자, 사람을 이해하는 마음이었다. 지식을 세상에 뽐내는 일이 아니라, 몸과 마음으로 정진하고 실천하고 스스로를 진실하게 다듬는 일이었다.

아버지에게 그것은 어쩌면 종교였다. 절벽에 선 수도승처럼 스스로에게는 매섭고 엄격했지만, 사람들에게는 너그럽고 깊은 애정을 품으셨기에, 많은 이들이 아버지를 단지 선생으로서가 아니라 인생의 참된 은인으로 여겼다. 그분의 가르침을 받은 제자들은 지금도 각자의 길 위에서 아버지의 이름을 기억하고, 그 가르침을 세상에 아름답게 펼쳐내고 있다.

아버지는 100세를 눈앞에 두고 있지만, 아직 청춘이다. 아버지가 제일 좋아하는 사무엘 울만의 "청춘"이란 시처럼, 사람은 세월만으로 늙지 않는다. 이상을 잃어버릴 때 비로소 늙어가는 것이다. 세월은 아버지 피부에 주름살을 늘려가지만, 열정을 가진 내 아버지의 마음을 늙게 하지는 못한다.

삶이란 결국, 어떤 이의 흔적을 어떻게 기억하고 되새기느냐에 따라 달라진다고 나는 믿는다. 그렇기에 이 책은 나에게 훌륭한 학자였던 내 아버지에 대한 단순한 기록이 아니라, 하나의 우주를 오롯이 담아낸 귀한 거울이다.

아버지라는 하나의 우주가 반짝반짝 빛나고 아름다울 수 있었던 것은 아버지 혼자 힘이 아니다. 아버지 뒤에 관세음보살이 있었기 때문이다. 그 관세음보살의 이름은 김제인, 법명 진실행이다. 아버지의 관세음보살이자 나의 관세음보살인 내 어머니 김제인. 누구보다 아버지의 우주를 가장 잘 아는, 누구보다 이 책의 간행을 기뻐하며 미소 짓고 계실, 내 어머니 김제인 여사께 이 책을 바친다.

2025년 여름
아들 사성구 올림.

김진영

문학박사, 충남대학교 국어국문학과 교수

심재복

문학박사, 전 대전중앙고등학교 교사

경산 사재동 선생의 생애와 학문 세계

2025년 9월 29일 초판 1쇄 펴냄

지은이 김진영·심재복
펴낸이 김흥국
펴낸곳 보고사

책임편집 이찬형
표지디자인 김규범

등록 1990년 12월 13일 제6-0429호
주소 경기도 파주시 회동길 337-15 보고사
전화 031-955-9797(대표)
팩스 02-922-6990
메일 bogosabooks@naver.com
http://www.bogosabooks.co.kr

ISBN 979-11-6587-918-1 03910
ⓒ 김진영·심재복, 2025

정가 18,000원
사전 동의 없는 무단 전재 및 복제를 금합니다.
잘못 만들어진 책은 바꾸어 드립니다.